Karam Khella

Seelenleiden

Einführung in Psychopathologie
und Psychotherapie in neuer Sicht

AF548020

Karam Khella

Seelenleiden

Einführung in
Psychopathologie und Psychotherapie
in neuer Sicht

Theorie und Praxis Verlag

Theorie und Praxis Verlag
Goldbachstr. 2
D 22765 Hamburg
Tel: 040 – 38 61 38 49
info@tup-verlag.com
www. tup-verlag.com

ISBN 978-3-921866-76-4

© Copyright bei Dr. Karam Khella
Sämtliche Rechte sind urheberrechtlich geschützt.
Das Werk darf – auch auszugsweise – ohne ausdrückliche Genehmigung des Verfassers nicht in gedruckter, kopierter, akustischer Form, durch EDV oder durch ein anderes Verfahren reproduziert oder gespeichert werden.

Karam Khella

Einführung in die Psychopathologie und Psychotherapie

Leiden der Seele

Theorie und Praxis Verlag

Anschrift des Verfassers:

Dr. Karam Khella
Possmoorweg 42 a
D - 22301 Hamburg

Inhaltsverzeichnis

Liebe Leserin, lieber Leser 9

Umdenken 11

Was ist eine psychische Störung? 13

Was gibt es für Lehren in der Psychiatrie? 16
1. Biologistisch-neurologisch orientierte Psychiatrie 16
2. Psychoanalyse 16
3. Soziale Psychiatrie 22

Diagnostik 25
Was ist eine psychiatrische Diagnose? 25
Vorurteil als Diagnose 28
Beispiel Hysterie 28
Beispiel Drapetomanie 30

Therapeutik 33

Hermeneutik 34

Wir werden gesund geboren und krank gemacht – Den Weg des seelischen Leidens gehen alle! 38

Die Stationen 38
Soziale Isolation 38
Verunsicherung 43
Unsicherheit 44
Wie gewinne ich wieder Sicherheit? 46

Angst 49
Woher kommen die Ängste der Menschen? 49
Therapie der Angst 51

Phobie 53
Wortbedeutung 53
Woher kommen die Phobien? 53
Erscheinungsformen 53

Depression 55
Entstehung und Ursachen 55
Erscheinungsformen 57
Sonderformen 58
Schülerdepression 58

Weibliche Depression 59
Eskapismus („Flucht“ als psychische Störung) 60
Suizid (Selbstmord) 61
Zur Erklärung des Wesens der Depression 62
Therapievorschläge für Ratsuchende mit Depressionsbeschwerden 64

Neurosenlehre 66
Worterklärung 66
Definition 66
Neurose – Was ist das eigentlich?
Zur Erklärung des Phänomens, das als Neurose bezeichnet wird 68
Diagnose 69
Die „antagonistische Stimulation“ als alternatives Erklärungsmodell 69
Therapie 71

Woher kommen die Psychopathologien? 73
Die Beziehung von Makro- und Mikrosystem 73
Zur Historisierung der Psychopathologie 73
Sucht 73
Warum ist der Mensch suchtanfällig? 76
Zur Kausalität von Psychopathologien allgemein 77
Die Kultur des Imperialismus und die Pathologie des Individuums 79
Soziale Isolation 79
Verunsicherung 80
Unsicherheit
Weitere Psychopathologien 80
Realitätsverlust 80
Phobien 81
Depression 82
Aggression 84
Schizophrenie 86
Neurosen 87
Psychopathologie als Epidemie 88
Fazit 91
Konsequenzen für therapeutisches Handeln 92

Migration und psychische Störungen 94

Liebe Leserin, lieber Leser,

dieses Buch ist zu Ihrem Wohlbefinden geschrieben worden. Lesen Sie es bitte Seite für Seite durch. Fangen Sie vorne an. Lassen Sie sich Zeit für die Lektüre. Stellen, die Sie besonders ansprechen, möchten Sie sich besonders merken. Sie sind speziell für Sie verfaßt. Wenn Sie am Schluß des Buches angekommen sind, klappen Sie es zusammen. Einige Abschnitte würden Sie gerne noch einmal lesen; vielleicht auch das ganze Buch. Das ist gut so. Tun Sie es! Eventuell sogar haben Sie noch mehr Freude daran. Der Verfasser hat das Manuskript zwanzig Jahre lang im Ordner stehen lassen. Immer wieder habe ich mich gefragt, ob die Texte einzeln und als Ganzes wirklich hilfreich sind. Auch ich habe mir viel Zeit gelassen, bis ich den Entschluß gefaßt habe, das Typomanuskript freizugeben. Ich habe es geprüft, korrigiert, ergänzt und festgestellt, daß ich es verantworten kann. Viele neue Erkenntnisse kamen hinzu. Nun hoffe ich, daß auch Sie, liebe Leserinnen und Leser, das Buch als hilfreich empfinden würden. Ankündigen muß ich allerdings auch, daß Sie einiges als recht ärgerlich finden werden. Das muß ein guter Ratgeber und ein loyaler Freund sein. Ansonsten verrate ich mein berufsethisches Verständnis. Für aufmerksames Lesen und für Nachsicht bei Unvollkommenheiten und Unzulänglichkeiten möchte ich mich schon jetzt sehr aufrichtig bedanken.

Hamburg, zum Neujahr 1998 Karam Khella

Umdenken

Die klassische Psychiatrie konstruiert „Krankheitsbilder". Sie ordnet einen Patienten einem dieser Bilder durch Zuschreibung zu. Die Zuschreibung besorgt die „Diagnose". Der Patient wird nunmehr nach dieser Diagnose umbenannt. Er wird umgetauft, z.B. zu „Manisch-Depressiv", „Schizophrener", „Melancholischer", „Psychopath" und so weiter. Diese Sichtweise individualisiert ein Phänomen, das genauer betrachtet epidemiologisch ist.

Wir wollen den Versuch unternehmen, das Phänomen „psychische Störungen" anders aufzufassen. Nicht nur unter theoretischen Überlegungen, sondern auch mit Hinblick auf das praktisch therapeutische Interesse wollen wir dann prüfen, welcher der beiden Ansätze hilfreicher ist.

Die neue Sichtweise betrachtet die Störungen als allgemeine Erscheinungen. Nicht ein Individuum für sich, von anderen isoliert, ist krank. Es bestehen vielmehr allgemein Zustände der „Angst", „Phobie", „Aggression", „Abhängigkeit", „Sucht" et cetera. Diese Phänomene werden gesellschaftlich verursacht, haben jedoch den einzelnen Menschen als Angriffsziel. Das Allgemeine manifestiert sich individuell. Die soziale Epidemie wird zur Psychopathologie des Einzelnen.

Psychische Störungen wirken sich bei Individuen unterschiedlich aus, da Abhängigkeit von anderen Faktoren besteht. Es leuchtet ohne weiteres ein, daß der soziale Status und die materielle Basis eines Menschen die Störanfälligkeit maßgeblich beeinflussen. Nach Verlust des Arbeitsplatzes kann jemand Selbstmord begehen, während ein anderer, der materiell abgesichert ist, sich womöglich freut. Wenn jemand von Phobien nicht geplagt ist, bedeutet das nicht, daß er überhaupt keine Ängste hat. Die Trennung von einem Geliebten kann den einen ruinieren, ein anderer kann den Liebeskummer eher überstehen.
Nicht nur materielle und soziale, sondern auch eigenständige psychische Mechanismen spielen eine große Rolle in einer individuellen Krisensituation. Die Summe aller dieser und anderer Faktoren steuern die Wirkung einzelner Störfaktoren. Die Persönlichkeitsstruktur wird unterschiedlich in Mitleidenschaft gezogen. Die Therapie kann

vieles an äußeren Störfaktoren nicht verhindern. Sie kann aber negative Momente bei Ratsuchenden schwächen, positive stärken. Letztere wirken sich *stabilisierend* auf die Persönlichkeit aus, so daß die *labilisierenden* Belastungen in ihrer Wirksamkeit eingeschränkt werden oder gar nicht zum Durchbruch kommen.

Diesen Aspekt bezeichnen wir als Bedingungen der *Manifestation*. Zu den zahlreichen Faktoren, die eine Manifestation hemmen oder provozieren, zählt die jeweilige Position der Betroffenen. Zwei psychisch gleich belastete Menschen können umgekehrte Rollen spielen, der eine als Arzt, der andere womöglich als dessen Patient (und sogar zur Behandlung desselben Leidens). Zu den Faktoren, die eine Manifestation hemmen, gehören vor allem materielle Sicherheit, sozialer Schutz, Schul- und Hochschulbildung, aber auch Ämter und Machtfunktionen.

Psychische Störung

Der Mensch verfügt über eine stabile psychische Struktur, über Autoregulation und eigene Kompensationsmechanismen. Das Phänomen „Krankheit“ und seine wachsende Häufigkeit müssen uns nachdenklich machen. Die gesellschaftlichen Verhältnisse sind zum wichtigsten pathogenen Ursachenkomplex geworden.
Die Individualisierung von Krankheit und die Individualisierung von Therapie gehören zu den Grunddogmen der Medizin, Psychotherapie und damit zusammenhängenden Wissenschaften. Im Ringen um eine Neubestimmung von psychischen Störungen muß im Grundsatz die Beziehung von seelischen Leiden und Verhaltensstörungen zu den gesellschaftlichen Verhältnissen in die Definition eingehen.

Was ist eine psychische Störung?

Definition: Seelisches und geistiges Leiden und die Störungen des Sozialverhaltens von Individuen lassen sich allgemein definieren als Reaktionen auf bestehende Verhältnisse. Diese Reaktionsweise ist natürlich individuell sehr unterschiedlich:

> Die psychische Störung ist individuelle Reaktion auf krankmachende, störende Bedingungen und Vorgänge in der Gesellschaft.

Praktische Konsequenzen der Definition: Es gibt Menschen, die in Not geraten. Sie suchen Hilfe und bitten um Rat. Eine kausale Therapie setzt eine Ursachenanalyse voraus. Bevor wir die Ursachen in ihnen endogen suchen, müssen wir die soziale Situation der Betroffenen, d.h. die exogenen Ursachen herausfinden. Die Bedingungen, denen Menschen unterworfen sind, bestimmen über Gesundheit und Krankheit. Diese Bedingungen liegen außerhalb der Menschen, das heißt *exogen*. In aller Regel überwiegt die Wirkung exogener gegenüber endogener Faktoren, während die biologistische Psychiatrie die Ursachen überwiegend, oder gar ausschließlich endogen gesehen hat. Die bei weitem wichtigsten Ursachen von psychischen Störungen lassen sich wie folgt bestimmen:

1. Soziale Isolation: Die Formen der sozialen Isolation reichen von der Einsperrung, Unterbringung in vier Wänden, Vereinzelung am Arbeitsplatz bis hin zu der Vereinsamung innerhalb

der Gruppe und dem Ausschluß von der Kommunikation;

2. Verunsicherung: Während Unsicherheit materiell, objektiv ist, stellt die Verunsicherung eine subjektiv wirkende Erschütterung des Sicherheitsempfindens dar, die als Bedrohung wahrgenommen und als Angst empfunden wird;
3. Unsicherheit, z.B. durch Arbeitslosigkeit oder durch drohenden Verlust der Wohnung;
4. Individualisierung, synonym Vereinzelung, Atomisierung: Im Unterschied zur sozialen Isolation realisiert sich Individualisierung auch bei formal bestehenden menschlichen Kontakten. Beispiele: Auflösung der Kommunikationsstrukturen am Arbeitsplatz, im Wohnraum, in der Ausbildung, in Kliniken, ferner: Anonymität, Bestrafung u.a.m.;
5. Unterversorgung in materieller, sozialer oder kultureller Hinsicht;
6. Störung der Stimulation (SASP, Bd. 2, 236 ff)

Soziale Isolation
⇩
Labilisierung der Persönlichkeit
⇩
Verunsicherung
⇩
spezifische Erscheinungsformen

Konsequenz für das therapeutische Vorgehen: die These, daß soziales Verhalten des Einzelnen eine Reaktion auf bestehende Verhältnisse darstellt, impliziert, daß Individuen für bestehende gesellschaftlich bedingte Situationen keine „Schuld" tragen und damit die Einzelnen auch nicht für die Ursachen verantwortlich gemacht werden können. Vielmehr müssen die Ursachen der seelischen Störung in den bestehenden Verhältnissen gesucht werden. Die praktische Konsequenz dieser Erkenntnis wird mit den Ratsuchenden diskutiert: Wie setzen sie sich mit Situationen auseinander, deren Opfer sie geworden sind? Hier greift die *Hermeneutik* als therapeutische Methode. Sie besagt, mit der oder dem Ratsuchenden zusammen die Situation zu verstehen und sich zu überlegen, wie mensch damit fertig werden kann (Hermeneutik = Verstehen). Die/der Ratsuchende wählt die

Therapie und Verhaltensform mit: Sich abfinden, Anpassung oder sich wehren, Konflikt austragen usw.

Die psychiatrische Theorie hat unmittelbare Konsequenzen für die therapeutische Praxis.
Die klassische Psychiatrie versteht „Therapie“ als Anpassung des Individuums an die Gesellschaft. Die bestehenden Strukturen werden nicht in Frage gestellt. Die Therapie ist bestrebt, den Patienten zur Wahrnehmung seiner Rolle als Rädchen oder Schräubchen in der Maschine des politischen Systems zu reparieren. Gelingt die Reparatur wegen irreversibler Schäden nicht, so werden psychisch Kranke „entsorgt“, in Anstalten verwahrt.
Das Gegenmodell fordert die Beseitigung der krankmachenden Ursachen in der Gesellschaft. Therapie geht mit der Vermittlung der Beziehung von Individuum und Gesellschaft einher. Ratsuchende sollen vom Komplex der Selbstverschuldung befreit werden. Die Therapie begreift sich als Bestandteil sowohl des eigenen Emanzipationsprozesses als auch der sozialen Befreiung.

Offensichtlich bestehen große Widersprüche und unüberbrückbare Gegensätze im therapeutischen Vorgehen, weshalb wir uns mit den bestehenden Schulen befassen müssen. *Welche Lehren gibt es nun in der Psychiatrie?*

Hauptrichtungen der Psychiatrie

1. Biologisch-neurologisch orientierte Psychiatrie

Diese Richtung versteht sich als ein Bereich der Medizin analog zur Inneren, Orthopädie oder Augenheilkunde. In Deutschland ist die Schulmedizin extrem biologistisch ausgerichtet. Entsprechend ist auch die Psychiatrie. Als Reaktion auf die Psychiatriekritik und die Antipsychiatrie der 1970er Jahre wurden soziale Aspekte, die zu psychischen Störungen führen, in die Diskussion gebracht. Daraus hätten sich nicht nur therapeutische, sondern auch politische und gesellschaftliche Konsequenzen ergeben. Noch in der zweiten Hälfte der 70er Jahre herrschte eine große Euphorie über die möglichen Reformen im Bereich der psychiatrischen Versorgung. Im Zuge der allgemeinen Restauration der 1980er Jahre wurden auch die gesundheitspolitischen und psychotherapeutischen Reformansätze erstickt. Inzwischen kann die Überdominanz der biologisch-neurologischen Richtung in der Psychiatrie nicht übersehen werden. Die unmittelbare Konsequenz dieses Ansatzes ist die Überflutung der Psychiatrien mit Psychopharmaka.

In dieser Schule werden psychische Störungen aus endogenen Ursachen abgeleitet. Diese Störungen seien angelegt im Zentralnervensystem, in der psychischen Struktur, in der Konstitution des Menschen, kurz *endogen.* Man kann diese Richtung auch biologistische Psychiatrie nennen. Die Vertreterinnen und Vertreter dieser Theorien nennen sich selbst aber nicht Biologisten/Biologistinnen, sondern VertreterInnen der „medizinischen" oder „neurologischen Psychiatrie".

2. Psychoanalytische Psychiatrie und Therapie

Die Behandlungstechnik der klassischen Psychoanalyse (Freud und dessen Schüler) betrachtete folgendes Vorgehen als wesentlich:

1. Der Patient liegt allein im Behandlungraum.
2. Der Patientenraum wird während der Analyse verdunkelt.
3. Der Therapeut (Analytiker) sitzt außerhalb des Blickfeldes des Patienten.
4. Der Patient spricht sich aus nach dem Prinzip der freien Assoziation.

Die Absicht dieser Anordnung besteht darin, die Erinnerungsbereitschaft des Patienten zu optimieren (bequemes Liegen), sein Assoziationsvermögen zu fördern (keine Unterbrechung) und schließlich das Unbewußte zu aktivieren (Verdunkelung), die offene und ungehemmte Erzählbereitschaft zu stimulieren (allein im Zimmer). Der Patient soll sich frei fühlen, frei reden und ungehemmt berichten, um Verdrängtes äußern zu können. Daher soll er nicht einem vorgegebenen Konzept oder gar Fragenkatalog folgen.

Diese strenge Anordnung wurde in der nachfreudschen Entwicklung der Psychoanalyse sukzessive gelockert. Als wesentlich wurde erkannt, daß es darauf ankommt, dem Patienten das Klima für ein normales und vertrautes Gespräch zu bereiten, in dem er sich frei entfalten kann. Das klassische, von Freud vorgesehene Schema einer Analysesitzung wird nunmehr durch das freie Gespräch in einer zwanglosen Sitzhaltung ersetzt, wobei Patient und Analytiker einander gegenüber Platz nehmen.

Die psychoanalytische Richtung fokussiert auf die früheste und frühe Kindheit, insbesondere jene Momente der frühkindlichen Sozialisation, die für die spätere psychische Entwicklung Anhaltspunkte liefern. Der Patient wird durch die Unterstützung äußerer Umstände in seine frühe Kindheit versetzt. Diese Zielsetzung ist für den Therapeuten die *Voraussetzung für die Analyse*. Die Problemlagen sucht der Analytiker in der Dyade oder Triade, in der das Kind aufgewachsen ist.

Die Psychoanalyse ist an einer bestimmten sozialen Schichtung orientiert und an ein bestimmtes Menschenbild gebunden. Sie ist namentlich auf die Bedürfnisse des Mittelstandes und des Kleinbürgertums ausgerichtet. Sie sieht nicht die Gesellschaft, sondern Einzelne als atomisierte Personen. Der Einzelne, der in seinem individualistischen Karrierebewußtsein, Aufstiegsstreben und Konkurrenzkampf seine Unzulänglichkeit erfährt, wendet sich an den Psychotherapeuten mit Beschwerden wie „Minderwertigkeit“ und

Versagensängsten. Die Psychoanalyse diagnostiziert einen „Über-Ich-Konflikt“, der auf eine gestörte „Vater-“ bzw. „Mutterbeziehung“ zurückgeführt wird. Weder der Psychoanalytiker noch sein Klient wollen die Ideale des Karrierismus und Konkurrenzdenkens reflektieren, geschweige denn in Frage stellen. Standesbewußtsein, hierarchische Strukturen und individueller Aufstieg werden vielmehr nicht nur vorausgesetzt, sondern sollen auch durch die Therapie unterstützt werden. Das Behandlungsziel der Psychoanalyse besteht darin, auf der Basis dieser Voraussetzungen ein *individuelles Gleichgewicht* herzustellen. Dieses Ziel der analytischen Therapie – das gestörte Gleichgewicht des Individuums wieder herzustellen – soll nicht durch die Rückgliederung des sozial isolierten Menschen in tragfähige Strukturen, sondern durch die Konstruktion eines inneren Gleichgewichts des Einzelnen erreicht werden.

Der Psychoanalyse ist zu verdanken, daß die Bedeutung der ersten Lebensmonate und Jahre für die psychische Entwicklung des Menschen viel stärker ins Bewußtsein getreten sind. Daraus können sinngemäße Konsequenzen für die frühkindliche Sozialisation, für Erziehung und Therapie gezogen werden. Die Verdienste der Psychoanalyse liegen vor allem darin, negative Einflüsse von Bezugspersonen, insbesondere der Mutter auf das Kind in seiner frühesten Entwicklungsphase aufzudecken. Nach der anfänglichen Euphorie über die Möglichkeiten dieser Richtung sollten wir heute die Erwartungen an die Psychoanalyse dämpfen:

Zur Kritik der psychoanalytischen Therapie

1. Die Kompetenz der Psychoanalyse erstreckt sich über einen begrenzten Sektor der Persönlichkeitsentwicklung. Entgegen dem psychoanalytischen Dogma stellen wir fest, daß andere Faktoren als die Kind-Mutter-Dyade oder Kind-Eltern-Triade in einem viel größeren Umfang die psychische Entwicklung bestimmen.

2. Als Zielgruppe richtet sich die Psychoanalyse an eine dünne soziale Schicht, die sich die intensiven Kosten der Behandlung leisten kann. Sie ist nicht für die breite therapeutische Versorgung. der Bevölkerung gedacht.

3. Die Therapie wird darin gesehen, daß Verdrängtes wieder in das Bewußtsein tritt. Die Erfahrung zeigt, daß nach einer anfänglichen Euphorie die Patienten doch wieder in ein tiefes Loch stürzen.

Die „Verdrängung“ und der Verdrängungsvorgang erweisen sich also doch als ein individueller Schutzmechanismus. Sie sollten nicht allein unter dem negativen Aspekt gesehen werden. Vielmehr gehören sie zu den personeneigenen psychoregulierenden Maßnahmen. Die Konfrontation mit bislang verdrängten Erinnerungen kann eine Schockreaktion auslösen Nach Beendigung der Behandlung wird vielfach die Erfahrung gemacht, daß Depressionen eintreten oder bestehende noch ausgeprägter wieder auftreten. In letzter Zeit wird daher von der Psychoanalyse zumindest bei Vorhandensein von bestimmten Psychosen oder schweren Depressionen abgeraten.

4. Nach einer Anzahl von Sitzungen, die individuell schwankt, kann eine Abhängigkeit des Klienten von der Psychoanalyse, d. h. ein Suchteffekt, eintreten.

5. Die psychoanalytische Therapie begünstigt die Anpassung und selbst die Unterwerfung unter das herrschende System durch Individualisierung, Akzeptanz und Erfüllung der herrschenden Normen.

6. Die Privatisierung der Therapie macht Psychoanalyse für viele, die sich eine solche Behandlung wünschten und vielleicht davon profitieren könnten, nicht leistbar.

7. Therapieziel der Psychoanalyse ist „Anpassung“. Sie will nicht das gestörte Verhältnis des Einzelnen zur Gesellschaft, sondern ihn ändern und adaptieren.

Obwohl die Psychoanalyse in höchstem Maße staatstragend und systemstabilisierend ist, wird sie gesundheitspolitisch nur für den Einsatz im privaten Therapiemarkt gefördert. Sie ist nicht geeignet, zur Bewältigung der zunehmenden psychischen Störungen beizutragen. Sie erfordert viel Personal und großen Zeitaufwand und ist deshalb sehr kostenintensiv. Das ist auch die Ursache dafür, warum die biologistische Psychiatrie mit ihrem extensiven Verbrauch an Psychopharmaka zur hauptsächlichen Therapieform geworden ist.

Selbstdarstellung

Am Ende des 20. Jahrhunderts als Zentenarium der Psychoanalyse ist es angebracht, eine angemessene Würdigung dieser Schule zu leisten. Am Anfang stand der Ansatz Sigmund Freuds, der sich erst durchsetzen mußte. Nach dem anfänglichen Mißtrauen in den neuen Weg erfolgte eine anhaltende Euphorie. Man glaubte im Dunkel der Psyche den Geheimverschluß für die seelische Erlösung gefunden zu haben. Auf der Welle der Euphorie konnten geschäftstüchtige Therapeuten zunächst in den USA, dann in Westeuropa, reiten und vom Boom der Analyse profitieren. Patienten gibt es genug. Ihre bisherige Enttäuschung durch Fehlbehandlungen schlug in die Illusion der analytischen Heilserwartung um. Die zunächst geglaubte Allheilkraft der Psychoanalyse trat in vielen Fällen nicht ein. Schon Freud mußte die Liste von Kontraindikationen, d.h. Situationen, wo eine Psychoanalyse nicht durchgeführt werden soll, dauernd verlängern.

Ein Rückblick in die Frühzeit der Psychoanalyse soll uns die Einstellungen und Erwartungen, die damals bestanden, aktualisieren. Die Schule soll durch die Selbstdarstellung ihres Stifters zu Wort kommen:

> „Viele Behandlungsversuche mißlangen in der Frühzeit der Analyse, weil sie an Fällen unternommen waren, die sich überhaupt nicht für das Verfahren eignen, und die wir heute durch unsere Indikationsstellung ausschließen. Aber diese Indikationen konnten auch nur durch den Versuch gewonnen werden. Von vornherein wußte man seinerzeit nicht, daß Paranoia und Dementia praecox in ausgeprägten Formen unzugänglich sind, und hatte noch das Recht, die Methode an allerlei Affektionen zu erproben. Die meisten Mißerfolge jener ersten Jahre sind aber nicht durch die Schuld des Arztes oder wegen der ungeeigneten Objektwahl, sondern durch die Ungunst der äußeren Bedingungen zustande gekommen. Wir haben nur von den inneren Widerständen gehandelt, denen des Patienten, die notwendig und überwindbar sind. Die äußeren Widerstände, die der Analyse von den Verhältnissen des Kranken, von seiner Umgebung bereitet werden, haben ein geringes theoretisches Interesse, aber die größte praktische Wichtigkeit. Die psychoanalytische Behandlung ist einem chirurgischen Eingriff gleichzusetzen und hat wie dieser den Anspruch, unter den für das Gelingen günstigen Veranstaltungen vorgenommen zu

werden. Sie wissen, welche Vorkehrungen der Chirurg dabei zu treffen pflegt: geeigneter Raum, gutes Licht, Assistenz, Ausschließung der Angehörigen usw. Nun fragen sie sich selbst, wie viele dieser Operationen gut ausgehen würden, wenn sie im Beisein aller Familienmitglieder stattfinden müßten, die ihre Nasen in das Operationsfeld stecken und bei jedem Messerschnitt laut aufschreien würden. Bei den psychoanalytischen Behandlungen ist die Dazwischenkunft der Angehörigen geradezu eine Gefahr, und zwar eine solche, der man nicht zu begegnen weiß. Man ist gegen die inneren Widerstände des Patienten, die man als notwendig erkennt, gerüstet, aber wie soll man sich gegen jene äußeren Widerstände wehren? Den Angehörigen des Patienten kann man durch keinerlei Aufklärung beikommen, man kann sie nicht dazu bewegen, sich von der ganzen Angelegenheit fernzuhalten, und man darf nie gemeinsame Sache mit ihnen machen, weil man dann Gefahr läuft, das Vertrauen des Kranken zu verlieren, der – übrigens mit Recht – fordert, daß sein Vertrauensmann auch seine Partei nehme. Wer überhaupt weiß, von welchen Spaltungen oft eine Familie zerklüftet wird, der kann auch als Analytiker nicht von der Wahrnehmung überrascht werden, daß die dem Kranken Nächsten mitunter weniger Interesse daran verraten, daß er gesund werde, als daß er so bleibe, wie er ist. Wo, wie so häufig, die Neurose mit Konflikten zwischen Familienmitgliedern zusammenhängt, da bedenkt sich der Gesunde nicht lange bei der Wahl zwischen seinem Interesse und dem der Wiederherstellung des Kranken. Es ist ja nicht zu verwundern, wenn der Ehemann eine Behandlung nicht gerne sieht, in welcher, wie er mit Recht vermuten darf, sein Sündenregister aufgerollt werden wird; wir verwundern uns auch nicht darüber, aber wir können uns dann keinen Vorwurf machen, wenn unsere Bemühung erfolglos bleibt und vorzeitig abgebrochen wird, weil sich der Widerstand des Mannes zu dem der kranken Frau hinzuaddiert hat. Wir hatten eben etwas unternommen, was unter den bestehenden Verhältnissen undurchführbar war.“[1]

---

[1] Auszug aus der Vorlesung Sigmund Freuds „Einführung in die Psychoanalyse“ aus den Wintersemestern 1915-16 und 1916-17. Thema des Kapitels: „Die analytische Therapie“; zit. nach der Gesamtausgabe, hier: Sigmund Freud, Die analytische Therapie, 28, S. 477 f

Bei Freud ist nicht im geringsten davon die Rede, wie wichtig die „Gruppe“ als therapeutisches Prinzip ist. Nicht weniger wiegt die Tatsache, daß Freud das Arzt-Patient-Verhältnis von der biologischen Medizin übernimmt und mit all den Konsequenzen der Übermacht des Therapeuten und der Ohnmacht und Ausgeliefertheit der Betroffenen legitimiert und zum Selbstverständnis der Psychoanalyse erhebt. Zwar erhält der „Patient“ breiten Raum zur Selbstdarstellung, doch ist er hinsichtlich des Therapieplans entmündigt. In diesem Arzt-Patient-Verhältnis ist der Ratsuchende wie ein Patient unter Narkose. Sein Gegenüber im weißen Kittel, der sich selber als Chirurg der Seele definiert, entscheidet über Krankheit und Gesundheit, Unfreiheit und Freiheit der Psyche. Eine geschenkte Emanzipation bleibt eine verschleierte Abhängigkeit. Nicht begriffen wird die Tatsache, daß es gerade die soziale Isolation ist, welche die Menschen in die Psychiatrien treibt. In einem Fall ist die Isolation die Ursache, im anderen soll sie heilen. Die psychoanalytische Therapie betrachtet den Menschen als des Menschen Feind und bringt dieses grundsätzliche Mißtrauen in die Behandlung ein. Auch wenn die Analyse ihren berechtigten Standort im therapietheoretischen und praktischen Spektrum haben soll, so fixiert sie doch den „Patienten“ auf seine Individualisierung statt diese zu überwinden.

3. Sozialpsychiatrie

Hier ist das Spektrum am weitesten gefaßt. Der Begriff besagt, daß der Mensch, der der psychotherapeutischen Hilfe bedarf, in seinem sozialen Zusammenhang gesehen und verstanden werden soll. Kein Mensch besteht für sich allein. Nur im historischen Kontext können er und seine Problemlage voll und korrekt erfaßt werden. Ebenso die Therapie; sie wäre sinnlos, wenn sie von den Verhältnissen, unter denen ein Individuum lebt, abstrahiert. Die praktische Erfahrung zeigt, daß Menschen, die in einer psychiatrischen Klinik ankommen, als ersten Eindruck den Spruch machen: „Hier fühle ich mich wohl“. Vielleicht werden sie später von der Psychiatrie enttäuscht. Doch hat ihnen die Tatsache gereicht, sich von ihrem belastenden Alltag zu entfernen, um sich wohlzufühlen. Auch der Umkehrschluß ist nicht selten: Menschen, die in der Psychiatrie von einem gewissen Leiden geheilt werden, bald rückfällig werden, wenn sie in ihr Milieu zurückkehren (oft bei Suchtkranken).

Wenn wir einmal von neurologisch bedingten Fällen absehen und den begrenzten Rahmen, in dem die Psychoanalyse hilfreich sein kann, beiseite lassen, hat die soziale Psychiatrie ihre Überlegenheit gegenüber anderen Schulen bewiesen. Während z.B. in der Augenheilkunde oder Orthopädie Einzelbehandlung logischerweise sinnvoll ist, hat die individuelle Psychotherapie nur in einem gewissen Übergangsstadium ihre Berechtigung.

Die Frage, wie weit in das Umfeld der Betroffenen die Soziale Psychiatrie greifen soll, bleibt umstritten. Die Familientherapie kennt nur den engsten Kreis ihrer Klientinnen und Klienten. Im anderen Extrem wird die gesamte Gesellschaft als „krank" angesehen. Der Erfolg einer Therapie an den pathogenen Strukturen des politischen und sozioökonomischen Systems vorbei wird bezweifelt. Die Therapie bleibt Flickwerk.

Die soziale Anamnese, die im Rahmen der Untersuchung der Patientin oder des Patienten erstellt wird, bezieht sich auf die Lage und die Umwelt des Menschen, der Gegenstand von Diagnose und Therapie ist. Diese Richtung steckt ihr Feld bis hin zur radikalen Analyse, welche die gesamte Gesellschaft in Frage stellt. Das praxisbezogene Problem läßt sich wie folgt formulieren: Worin besteht therapeutisches Handeln unter der Voraussetzung, daß die psychische Erkrankung das Ergebnis sozialer Verhältnisse ist.? Wie lassen sich kurzfristige therapeutische Ziele definieren, ohne langfristige gesellschaftliche Veränderungen aus den Augen zu verlieren? Wo liegt der Kompromiß zwischen gesellschaftspolitischer Praxis und individueller Hilfe? Inwieweit kann ein Mensch, der an den sozialen Verhältnissen gestrauchelt ist, zur Änderung dieser Verhältnisse mobilisiert werden?

Es sei daran erinnert, daß wir von „Hauptschulen" reden, d.h., sie zerfallen jeweils in zahlreiche unterschiedliche Lehrmeinungen. Die größten Differenzen befinden sich innerhalb der Sozialen Psychiatrie, wo die Wege sowohl in der Theorie als auch in der Praxis zum Teil sehr weit auseinandergehen. Die Differenzen zwischen der neurologisch-biologistischen Richtung und der psychoanalytischen Schule sind nicht wesentlich größer als sie innerhalb der Sozialen Psychiatrie zu verzeichnen sind. Entsprechend der Verschiedenheit der einzelnen Theorieansätze sind die Diagnosen und Therapieformen. Eine Neurologin oder eine Psychoanalytikerin wird bestimmt die Ursachen für beispielsweise Schizophrenie oder Depression ganz anders definieren, als wenn an dieselben Phänomene im Rahmen der sozialen Psychiatrie diagnostisch und therapeutisch herangegangen wird.

Diagnostik

Was ist eine psychiatrische Diagnose?

Sprachlich ist **„Diagnosis"** die Erkennung einer Erkrankung, d.h. die Zuordnung der festgestellten Symptomatik, Befunde und anderer Untersuchungsergebnisse zu einem bestimmten Krankheitsbild und damit die Einordnung der Krankheit in die Systematik der Pathologie. Demnach besteht die Krankheit ohne die Patientin oder den Patienten. Wenn diese in die Klinik oder die Praxis kommen, werden sie einer vordefinierten Krankheit zugerechnet. Die Diagnose bestimmt das Vorgehen bei der Therapie. Andere Maßnahmen, vielleicht sogar schwerwiegende Folgen für die Betroffenen, können sich aus einer Diagnose ergeben. So hilfreich das Prinzip Diagnose auch ist und daß eine Medizin ohne Diagnostik undenkbar wäre, sollen wir es nicht unkritisch hinnehmen. Die Beurteilungen und Entscheidungen, die als „Diagnose" umschrieben werden, sind schon längst schematisiert worden. Der Patient wird einem vorgegebenen Krankheitsbild zugeordnet. Von da an handelt es sich nicht mehr um Mustafa, Kamal, Müller oder Smith, sondern um den „Rheumatiker", „Neurotiker", „Psychopaten", „Alkoholiker", „Schizophrenen" oder „Manisch-depressiven" (Im klinischen Diskurs ist es üblich, daß z.B. ein Arzt auf die Station kommt und fragt: „Wo ist die Bandscheibe?").

Die Diagnose ist Definitionssache. Wer herrscht, hat Definitionsmacht. Die Diagnose übt semantische Gewalt aus. Die Sprache schafft die Krankheitsbilder. Es reiche schon, wenn definierte psychiatrische und psychopathologische Ausdrücke verwendet werden, Krankheiten und Kranke zu schaffen. Dieses Problem, das als „Stigmatisierung" oder „Labeling" bezeichnet wird, besteht freilich nicht nur in Medizin und Psychiatrie, sondern ebenso in der Schule und im sozialen Bereich. Von da aus gelangt die scheinbar fachliche Etikettierung in die Alltagssprache. Von der alltäglichen Verkehrssprache kehren die Vorurteile in die Amtsstuben und Kliniken zurück. Die Menschen verinnerlichen Vorurteile gegen andere und gegen sich selbst. Der Kreis ist geschlossen. Wir sprechen dann von einem geschlossenen hermeneutischen Zirkel. Wenn von Schizophrenie die Rede sei, so ist damit schon eine Krankheit definiert, obwohl niemand bestehen kann ohne zwei Realitäten, da das gesellschaftliche Bewußtsein bereits gespalten ist in eine „Schein- oder Pseudorealität" und eine verdrängte „eigentliche Realität".

Nach dieser begrifflichen Einführung schränken wir nun die Betrachtung auf die Probleme der „Diagnostik" von Psychopathologien ein. Eine Fachsprache hat nicht nur in der Psychiatrie ihre Berechtigung, ja ihre Notwendigkeit. Das besondere Problem der Psychiatrie besteht aber darin, daß ihre Sprache nicht neutral, nicht wertfrei ist. Vielmehr stellt eine psychiatrische Diagnose zugleich eine Wertung dar. Die Grenzen zwischen „Vorurteilen" und „Diagnosen" sind fließend. Gerade Diagnosen gehen in die Lebensläufe der Menschen ein und machen später die psychiatrische Karriere aus. Zudem werden sie von Betroffenen soweit internalisiert, daß sie nachträglich realisiert werden können (*self-fulfilling prophecy*). So lange dieses Problem des psychiatrisch geprägten Diskurses nicht gelöst ist, müssen wir Hilfslösungen suchen. Wenn uns nicht Besseres einfällt, bleibt uns noch immer ein Ausweichen auf eine nicht vorbelastete Alltagssprache, soweit es sie noch gibt. Notwendig ist der Rückgriff auf die Wissenschaftsgeschichte. Hierzu hilfreich ist der arabisch schreibende Philosoph Ibn-Sīnā, eigentlicher Begründer der wissenschaftlichen Psychiatrie (980-1037).

Damit wir uns richtig verstehen: ein Verzicht auf die Fachsprache wird nicht gefordert. Fachlichkeit und Kompetenz sind unverzichtbar. Der hier diskutierte Fragenkomplex befaßt sich vielmehr damit, daß mit der besonderen Entwicklung der Psychiatrie in Europa und in Deutschland und ihrer Bindung an die biologische Medizin eine Nomenklatur aufgekommen ist, durch die eine Verschiebung der Problemlage von Diagnose und Therapie eingetreten ist. Um das Problem der semantischen Gewalt deutlich zu machen, sei das Sprachproblem an einem einfachen, alltäglichen Beispiel der klinischen Praxis festgemacht: Nach einer Patientenvorstellung wendet sich die Lehrperson an die Studentinnen und Studenten und referiert den Fall. Sie sagt:

a) „Dieser Mensch ist psychopath",
oder
b) „dieser Mensch ist psychisch gestört",
oder
c) „dieser Mensch ist krank",
oder
d) „dieser Mensch befindet sich in einer Krise".

Wir prüfen dann unsere jeweiligen Empfindungen und Reaktionen nach jeder dieser Äußerungen. Sie sind recht verschieden. Sie unterscheiden sich vor allem unter dem Aspekt, welches Bild wir von dem Menschen, der Gegenstand dieser Diagnose geworden ist, haben. Für den Laien mag die Aussage a sehr fachlich erscheinen, b hingegen nichtssagend. Das täuscht. In a steckt nicht mehr Inhalt als in b. Im Kontext der Situation denkt niemand an etwas anderes als an eine psychisch wirksame Krise, was in der Aussage d zum Ausdruck gebracht wird. Die scheinbar fachlich formulierte Aussage a bringt nicht die geringste Zusatzinformation. Diese belastet jedoch ungleich mehr. Sie kann schwerwiegende Konsequenzen für den Betroffenen haben, wenn sie von einem Richter oder einem Personalchef eines Unternehmens in einem Gutachten steht. Wir müssen ganz besonders an die Wirkung auf den Betroffenen selbst denken.

Wir setzen das gedankliche Experiment fort. Diesmal hören wir folgendes:
e) „Dieser Mensch muß ein unangenehmes Erlebnis erfahren haben".

Es ist wirklich ein sehr großer Unterschied: Das Wort „krank" sagt gar nichts aus, das Wort „Krise" dafür um so mehr. Vor allem haben wir keine Angst vor diesem „Patienten". Im Unterschied zu den ersten vier Aussagen lokalisiert die fünfte Aussage e das Übel außerhalb des Betroffenen. Nun nehmen wir die Situation dieses Menschen ganz anders wahr. Er ist das Opfer und nicht mehr der Täter. Wir registrieren jetzt positive Gefühle, welche die vorausgehenden Negativeinstellungen verdrängen. Ja, wir empfinden Mitleid und spüren Sympathien mit ihm. Keine Distanzierung, sondern Kommunikationsbereitschaft. Es ist kein Gegensatz mehr zu ihm, sondern Solidarität. Sitzen wir in einem Boot? Darüber hinaus wird durch Bezeichnungen wie „psychopath" und „krank" eine Etikettierung und Psychiatrisierung vorgegeben. Bei einer derartigen Pathologisierung möchte niemand in der Haut des Diagnostizierten stecken.

Neunzig Prozent der Bevölkerung leidet unter Depressionen. Sicher weichen die statistischen Angaben über die Häufigkeit von Depressionen auseinander. Wir stellen gleichzeitig fest, daß die Unterschiede durch die festgelegten Diagnosen bestimmt sind. Was in einer psychiatrischen Praxis als „manisch-depressiv" diagnostiziert wird, kann in einem anderen Falle als „melancholisch" ausgegeben werden.

Überlegen wir uns Alternativen ohne bzw. wenigstens mit geringerer semantischer Gewalt. Statt Depression kann auch gesagt werden: Dieser Mensch ist bedrückt, ist traurig, ist nicht gut drauf, ist heute verstimmt, still, teilnahmslos, ist gezeichnet von einem Problem. So sieht die Situation ganz anders aus. „Ein Mensch hat 'nen Durchhänger gehabt." Selbstverständlich ist ein so geprägter Diskurs unprofessionell. Es wäre aber voreilig, ihn mit dem Argument „mangelnder Fachlichkeit" gleich abzutun. In diesem Fall ist das wichtigere Problem nicht „welche Diagnose", sondern die Frage: „Wen diagnostizieren wir?" Wenn eine Bevölkerung zu über 90% depressiv ist, dann handelt es sich möglicherweise um ein depressives oder depressogenes System.

Vorurteil als Diagnose

Ein anderer Problemkomplex drängt sich auf durch die Frage, daß die Normen, die in einer Gesellschaft sanktioniert werden, mehr in der Psychiatrie als in der Medizin die hypothetischen Grenzen zwischen „gesund" und „krank" bestimmten.

Beispiel Hysterie

Hysterie ist eine Begriffsbildung aus dem 18. Jahrhundert, die – erst im Französischen, dann im übrigen Europa – zur Bezeichnung eines nicht exakt definierten psychotisch-neurotischen Syndroms aufgekommen ist. Abgeleitet ist der Ausdruck aus griechisch: υστερα = Gebärmutter. Das Krankheitsbild der Hysterie wurde offensichtlich als typisch weiblich angesehen und in Verbindung mit der geschlechtlichen Funktion der Frau gebracht. Als Folge der Hysterektomie, der operativen Entfernung der Gebärmutter, wurde ein Psychosyndrom erwartet. Dann aber unabhängig von der Hysterektomie. In der Wortprägung kommt die frauenfeindliche, vorurteilsgeladene Einstellung der klassischen Psychiatrie ganz offensichtlich zum Vorschein. Die Psychiatrie stellte sich die Frau als eine Gebärmaschine vor, die dann funktionslos wäre. Entsprechend die spezifisch europäische Wissenschaftsgeschichte und diagnostische Anwendung des Begriffs „Hysterie". Im 18. Jahrhundert auch als Mutterstaupe, Mutterplage oder Mutterbeschwerde bekannt, wurde der organische Sitz der „Hysteriekrankheit" in die

Gebärmutter verlegt. Ein Zustand, der nichts Krankhaftes an sich hat, wird jedoch – weil weiblich – vom europäischen Mann pathologisiert. Im 19. Jahrhundert galt die „Hysterie" als die spezifisch weibliche Form des „Irreseins" mit epidemischer Verbreitung. Der europäische Mann projizierte seine eigenen Komplexe auf das andere Geschlecht. Kraft seiner Definitionsmacht psychiatrisierte er die Frau zum „hysterischen Weib".

Im 20. Jahrhundert wird dieselbe Symptomatik je nach Geschlechtszugehörigkeit von den Psychiatern unterschiedlich bewertet und diagnostiziert. Leidet eine Frau unter Migräne, Menstruationsbeschwerden, Krampfanfällen, Lähmungserscheinungen, Sprech-, Hör- oder Sehschäden, wird sie zwar nicht allzu schnell als „hysterisch" diagnostiziert, dennoch wird die Ursache in ihrem Geschlecht gesehen. Beim Mann hingegen werden eher die Sozialanamnese und Arbeitsplatzsituation geprüft. Geblieben ist ferner die Vorstellung, daß eine Hysterektomie[2] eine Hysterie nach sich zieht. Die Psychiatrisierung der Frau, wie sie in dem „Krankheitsbild Hysterie" anschaulich wird, hat ihren Niederschlag in dem heute noch gebräuchlichen Vulgärausdruck „hysterisches Weib". Der Hysteriebegriff muß als unwissenschaftlich und frauenfeindlich abgelehnt werden. Er kann ersatzlos gestrichen werden, da er zur Umschreibung eines Psychosyndroms ungeeignet ist.

Man hüte sich davor anzunehmen, der Hysteriebegriff sei eine große Ausnahme in der psychiatrischen Fachliteratur. Viele andere scheinbar wissenschaftliche Termini halten der kritischen Nachprüfung nicht stand. Bei anderen fehlt eine genügend kritische Sensibilität.

---

2 operative Entfernung der Gebärmutter

Beispiel Drapetomanie

Drapetomanie wird fachpsychiatrisch als „unwiderstehlicher Drang zu vagabundieren" definiert. Die Wortbildung hat eine interessante Etymologie. Das Stammverb δραπετευω bedeutet „ausreißen", „davonlaufen".[3] Das Substantiv bedeutet „Ausreißer", „flüchtiger Sklave". Der Ausdruck wurde benutzt für Sklaven, die aus der Zwangsarbeit in Plantagen flohen. Entsprechend wurde die Therapie aufgefaßt: die Betroffenen in Ketten legen, Beine fesseln und den Hals in Eisenkragen stecken. Nach dieser Psychiatrie muß ein gesunder Mensch an einen Arbeitsplatz gebunden, in seiner Wohnung eingesperrt, gehorsam, abrufbar und dirigierbar sein.

Als ich meine Analyse der sozialen Lage der betroffenen Gruppe Anfang der 1970er Jahre vorgelegt habe[4], wurde sie mit großem Staunen, zum Teil mit Befremdung aufgenommen. Sie weist nach:

a) die Betroffenen verhalten sich ganz normal. Sie müssen aus Not umherziehen. Es handelt sich also nicht um einen immer pathologischen Drang, sondern um eine soziale Zwangslage. Die Erkrankungen, die sie heimsuchen, sind nicht die Ursache, sondern die Folge von (nicht selbst verschuldeten) Notsituationen. Die meisten von ihnen sind sogenannte Clochards, Landstreicher, Penner, das bedeutet obdachlose Menschen, die Opfer konkreter materieller Bedingungen geworden sind. Wenn sie krank sind, dann besteht in der Regel kein primärer Kausalzusammenhang zwischen ihrem Sozialverhalten und ihrer Krankheit.

Inzwischen hat sich diese Auffassung behaupten können. Die Erscheinung „Penner" wird immer öfter unter sozialen Gesichtspunkten erklärt und nur noch von sehr Konservativen unter pathologischen Gesichtspunkten gesehen.

b) Das Bedürfnis umherzuziehen und ziellos zu wandern ist keine Krankheit, sondern ein Symptom, das verschiedene Ursachen haben kann. „Wandern" hat nichts dramatisches an sich. Entscheidend ist, den Grund zu wissen; je nachdem, ob es sich um eine somatische,

[3] U. H. Peters, Wörterbuch der Psychiatrie und medizinischen Psychologie, Nachschlagewort „Drapetomanie".

[4] später gedruckt in: K. Khella, Theorie und Praxis der Sozialarbeit und Sozialpädagogik, Bd. 1, Teil 2, Einführung in die Sozialarbeit und Sozialpädagogik, Hamburg 1983, S. 403-508, bes. 436 ff.

psychische, psychosomatische, soziale oder kombinierte Ursache handelt, wird die Therapie gewählt. Das „Wandern“, die sogenannte Drapetomanie, ist jedenfalls ein äußeres Symptom, dessen Hintergrund klärungsbedürftig ist. Das Leiden kann bestehen bleiben, auch wenn das Symptom verschwindet. Eine Kausaltherapie setzt die Ursachenbeseitigung und nicht deren Folgeerscheinungen voraus.

Die Professionalisierung entwickelt ihre Eigendynamik

Die psychiatrische und psychotherapeutische Versorgung hat sich im Kapitalismus sehr ungleichmäßig entwickelt. Eine Minderheit pflegt regelmäßige Therapien, eine Mehrheit, die es dringend braucht, kommt viel seltener in das Privileg einer fachlichen, zeitaufwendigen Intensivbehandlung. Was für die einen täglich Brot ist, ist für die anderen ein unerschwinglicher Luxus. Bezeichnend ist auch die Tatsache, daß psychische Leiden nicht als Berufskrankheiten anerkannt sind. Von einer überprivilegierten Minorität abgesehen besteht ein Mangel an psychotherapeutischer Versorgung. Anspruchsvolle Therapien wie Psychoanalyse, Gestalt-, Gesprächs- und Spieltherapie werden denen angeboten, die sie bezahlen können. Für den Rest stehen nur noch geschlossene, halbgeschlossene Anstalten und Psychopharmaka zur Verfügung.

Insgesamt nehmen psychische Störungen infolge gesellschaftlicher Verhältnisse zu. Die Lebenssituation, die Bedingungen am Arbeitsplatz, die Arbeitslosigkeit, der Wohnbereich und anderes mehr verursachen die ihnen typischen Folgen. Die Psychotherapie und psychiatrische Behandlung können zwischenmenschliche Kontakte und Kommunikation als eigentlicher Garant für das Gleichgewicht und die psychische Gesundheit des Individuums als soziales Wesen nicht ersetzen. Das Aufkommen und besonders das stete Anwachsen des Berufsstandes der Psychotherapeuten erklärt sich aus der Zerrüttung sozialer Beziehungen.

Ist ein Berufsstand einmal aufgekommen, so entfaltet er – in bezug auf die Entwicklung des Fachgebiets – seine Eigendynamik. Die Professionalisierung der Therapien hat die folgende Eigendynamik ausgelöst:

1. Der „Spezialist“ braucht die „Spezialfälle“. Krankheitsbilder werden geschaffen. Bestehende Störungen werden dramatisiert.

Die vorhandenen Probleme werden nicht als soziale Mängel der Gesellschaft gesehen, sondern individualisiert und als pathologische Fälle betrachtet. Abweichungen von einer konstruierten Norm werden psychiatrisiert.

2. Die Fachsprache der Psychiatrie wird erfunden.

3. Die Krankheitsbilder werden schematisiert und die dazugehörigen Patienten werden geschaffen.

4. Die Scheinwelt der Konstrukte überträgt sich auf die Betroffenen. PatientInnen internalisieren die Diagnosen. Das Fremdbild des Arztes wird zum Selbstbild des Patienten. Pseudorealität verdrängt Realität.

5. Objektiv bedingtes psychosoziales Elend wird individualisiert und subjektiviert.

6. Die Professionalisierung etabliert sich bereits in der Ausbildung. Ein akademisches Lehrfach reproduziert sich.

7. Die Gesellschaft verleiht der Dynamik von Pathologisierung und Therapeutisierung die nachträgliche Legitimation. Sie orientiert sich an der institutionalisierten Psychiatrie und liefert steten Nachschub an Patienten und Personal.

Die Folge ist, daß das, was behandlungsbedürftig wäre, ignoriert wird. Gleichzeitig werden Patienten an die Zustände und die Interessen des Systems angepaßt. Heute stehen wir vor der Aufgabe, reale Nöte, die verdrängt werden, zu erkennen und aufzudecken, das pathologisierte Individuum zu rehabilitieren und die Integrität und Dignität des Menschen wiederherzustellen.

Therapeutik

Grundsätzlich besteht die Möglichkeit, ein Leiden zu behandeln und zu heilen. Entscheidend ist dafür die Bereitschaft der Betroffenen, eine Behandlung zu akzeptieren und zu unterstützen. Indes werden der Therapie durch eine Anzahl von Faktoren Grenzen gesetzt. Insbesondere hemmen gesellschaftliche Bedingungen, die eine Krankheit verursachen, die Genesung, die Rehabilitation und überhaupt die gesunde psychische Entwicklung und Persönlichkeitsentfaltung. Es wäre jedoch verfehlt, aus dieser Erkenntnis etwa die Konsequenz zu ziehen, psychische Krankheiten kommen vom Kapitalismus; Kapitalismus muß weg! Obwohl die Forderung richtig ist, bedeutet die Konsequenz der Nichtbehandlung therapeutischen Nihilismus. Andererseits wären Illusionen über die Möglichkeiten von Therapien bei unveränderten gesellschaftlichen Bedingungen ebenso schädlich wie die Therapieweigerung. Wichtige Kritikpunkte an der psychiatrischen Versorgung und der institutionalisierten Therapie:

1. Ob „Gesprächstherapie“, „Spieltherapie“, „Gestalttherapie“, „Verhaltenstherapie“, „Elektroschocktherapie“ oder „Psychopharmakotherapie“ angewandt wird, ist letztlich an der wirtschaftlichen Lage der Patienten orientiert. Die Therapie der Wahl ist weniger eine fachliche Entscheidung und ist mehr eine klassenabhängige Kaufkraft, finanzieller Erwerb von Gesundheit.

2. Die Behandlungsmethoden in den psychiatrischen Anstalten werden als Techniken verstanden, die möglichst rationell, effektiv und für die Massenabfertigung geeignet sind.

3. Daher das unverhältnismäßig größer werdende Übergewicht der „Psychopharmakotherapie“.

„Hermeneutik"

„Hermeneutik" als alternatives Therapiemodell

Ein verbreiteter Irrtum besagt, daß die „Therapie" gesund macht. Niemand solle sich einbilden, anderen Gesundheit zu schenken. Auch die bestausgestattete Einrichtung kann das nicht. Im Prinzip gibt es nur drei Therapeuten: den lieben Gott, einen Wundertäter und den Patienten oder die Patientin selbst. Die institutionalisierte Therapie kann höchstens Patienten helfen, gesund zu werden. Die Heilkraft selbst geht von den Menschen, die betroffen sind, aus. Worin besteht nun die Hilfe, die psychotherapeutisch vermittelt werden kann?

Hier bewährt sich die „Hermeneutik".

Der Ausdruck „Therapie" ist gegen die verbreitete, etymologisch falsche Annahme nicht griechisch, sondern arabisch. „Tarbiya" heißt „Erziehung", „Persönlichkeitsentfaltung durch Erziehung". Demnach bedeutet „Therapie" „einem Menschen helfen, sich allseitig zu entwickeln, selbständig zu sein, frei von Mängeln und Problemen, die seinem Charakter schaden und seine freie Entfaltung hemmen, zu werden". Tarbiya ist therapeutische Pädagogik. Der Mensch schafft und gestaltet sich selbst. Er wird nicht von einem therapeutischen Vormund repariert.

„Hermeneutik" heißt „Verstehen". In Verbindung mit dem Begriff Erziehung bzw. Therapie gewinnt der Ausdruck Hermeneutik eine besondere Bedeutung. Krankheit heißt auch „Fehlverstehen". Besseres oder „Rechtverstehen" hingegen hilft heilen.

„Fehl-" und „rechtverstehen" beziehen sich in diesem Zusammenhang nicht eigentlich auf die Inhalte eines Wissens im Detail. Vielmehr betreffen sie in diesem Kontext die Zu- und Einordnung neuer Erkenntnisse und Wissensinhalte in das persönliche Denkkonzept. Die Menschen begegnen der Realität – nicht voraussetzungslos. Neue Inhalte, die sich dem Bewußtsein darbieten, werden von den Individuen unterschiedlich aufgefaßt. Die Hermeneutik fragt nach den Ursachen dieser unterschiedlichen Wahrnehmungen. Um die

Antwort zu ermitteln, muß der Prozeß des individuellen Verstehens erschlossen werden. Die zentrale Fragestellung der Hermeneutik ist dann, warum reproduzieren die Menschen immer wieder ihre Grundhaltung und Ausgangspositionen selbst auch dann, wo eine Revision durch neue Erkenntnisse notwendig wäre. Die prinzipielle Haltung wird nicht in Frage gestellt, sondern bestätigt. Man dreht sich in einem Kreis und kommt nicht davon weg. Um dieses Phänomen aufzulösen erwies sich das Modell des „hermeneutischen Zirkels" als hilfreich. Doch gleicht der eine Zirkel nicht dem anderen. Es müssen grundsätzlich zwei einander entgegengesetzte hermeneutische Zirkel unterschieden werden: der „geschlossene" und der „offene" hermeneutischer Zirkel.

Was ist ein hermeneutischer Zirkel?

Definition: Hermeneutik ist auf Verstehen orientierte Deutung sprachlicher Darstellungen, praktischer Erfahrungen oder Alltagserlebnisse unter Mobilisierung vorher erworbenen, mit dem neuen Gegenstand verwandten Wissens. Der Vorgang der Hermeneutik ist für den Einzerfall beendet, wenn dieser in den gesamten Sinnzusammenhang des Individuums eingeordnet wird.
Die Frage ist also nicht, hermeneutischer Zirkel ja oder nein. Er ist einfach ein notwendiges Prinzip des Verstehens. Der Mensch geht auf Neues mit einem ganz individuellen Blick zu. Neues wird durch Vermittlung von Vorwissen erkannt. Deshalb vollziehen sich bei verschiedenen Personen sehr unterschiedliche Erkenntnisse von ein- und demselben Gegenstand.

Die Therapie stellt also nicht den hermeneutischen Zirkel, sondern nur den geschlossen in Frage und ersetzt ihn durch den offenen hermeneutischen Zirkel. Zum besseren Verständnis seien in Übersicht beide Hermeneutische Zirkel einander synoptisch gegenübergestellt:

Der geschlossene hermeneutische Zirkel ist nicht eine Krankheit im definierten Sinn, kann jedoch eine pathologische Variante bekommen. Der betroffene Mensch ist nicht frei von der Gewalt einer schematischen Reaktionstruktur, der er unterworfen ist. Wird der geschlossene hermeneutische Zirkel aufgebrochen, ist der Betroffene frei. Darin besteht das Geheimnis der Therapie. Der geschlossene hermeneutische Zirkel gehört bei jedem Individuum und bei allen

Hermeneutische Synopse:

Geschlossener hermeneutischer Zirkel	**Offener** hermeneutischer Zirkel
Erkenntnisgewinn ist Erweiterung von Vorwissen	Erkenntnisgewinn ist Erweiterung von Vorwissen
Verstehen neuer Inhalte durch Mobilisierung des eigenen Vorwissens	Verstehen neuer Inhalte durch Mobilisierung des eigenen Vorwissens
Kreisförmige Erkenntnisentwicklung. Sich verstärkender *circulus vitiosus*	Spiralförmige Erkenntnisentwicklung
Der Vorgang der Hermeneutik vollzieht sich relativ ruhig und dauert kurz	Der Vorgang der Hermeneutik vollzieht sich unruhig und dauert länger, da der gespei cherte Sinnzusammenhang oft de- und remontiert wird
Neue Informationen werden als Bestätigung der vorgefaßten Meinung wahrgenommen	Neue Informationen bewirken ständige Überprüfung der Erklärungsmuster
Das Vorverständnis wird als abgeschlossen betrachtet	Das Vorverständnis wird als nicht abgeschlossen betrachtet
Die vorgefaßte Meinung wird durch neue Information bestätigt gebenenfalls korrigiert	Das Vorverständnis wird durch neue Information ständig geprüft, bestätigt, erweitert, ge-
Weltbild statisch, dogmatisch, starr, unflexibel	Weltbild dynamisch, beweglich, fortschreitend, flexibel
Erkenntnistheoretische Stagnation,weltanschauliche Erstarrung	Erkenntnistheoretischer Fortschritt, dynamisches Welt-, Geschichts-, Gesellschafts- und Menschenbild

Menschen grundsätzlich aufgelöst zu werden. In der Therapie muß der geschlossene hermeneutische Zirkel in einem besonderen Sinn aufgebrochen werden. Er ist jener, der mit dem individuellen Leiden kausal zusammenhängt. Ein „Speicher" in der psychischen Struktur reproduziert sich immer wieder als Reaktionsmuster, das sich als Pathologie darstellt.

Anwendung: In aller Regel sucht jemand den therapeutischen Rat, weil er sich in einem geschlossenen hermeneutischen Kreis bewegt, der oft sogar als *circulus vitiosus* (= Kreis verstärkt sich) empfunden wird. Wenn Betroffene dann in eine andere Lebensweise kommen und objektiv in einen neuen Erfahrungsbereich gelangen, der ihnen die Möglichkeit der Auseinandersetzung mit dem bisher verinnerlichten Denksystem gewährt, entdecken sie auch die Sicht, daß es anders geht. Es besteht eine Chance, die bisher schematisierten Strukturen in Frage zu stellen und den geschlossenen hermeneutischen Zirkel aufzubrechen. Gespräch und Praxis, Aktion und Reflexion sollen die neuen Dimensionen erfahrbar machen. Was bisher als indiskutabel schien, kann neu gelebt werden. Die Hermeneutik bringt die Menschen nicht in eine andere Position, sondern hilft ihnen, ihre Position neu zu wählen und neu zu definieren. Sie verlassen vorprogrammierte, ihnen eingeprägte, letztlich jedoch fremde dogmatisch verinnerlichte Denkstrukturen und wählen neue, selbstbestimmte Orientierungen.

Wir werden gesund geboren und krank gemacht

Den Weg des seelischen Leidens gehen alle!

Die Stationen

Soziale Isolation

Der Mensch ist ein soziales Wesen. In der Gemeinschaft verwirklicht er sich. Isolation ist Deprivation. Die psychischen Bedürfnisse des Menschen realisieren sich nur in der Kommunikation mit anderen: Liebe, Stimulation, Akzeptanz, Achtung, Anerkennung, Rückmeldung, Bestätigung, Schutz, Freude, Erfolgserlebnis, sich selbst in anderen wiederfinden, Freude durch Geben und Nehmen, Erfahrung von Glück. Für das Individuum ist die Gemeinschaft nicht nur der Ort der Selbstverwirklichung. Vielmehr entdeckt der Einzelne durch die Gemeinschaft die Gemeinschaft und sich selbst. Er ist nämlich nur ein Glied eines größeren Organismus, der für ihn ebenso wichtig ist wie das Leben selbst. Erst in der Gemeinschaft macht er die Erfahrung von Solidarität, Kraft, Stärke und Menschlichkeit. Nur in der Gemeinschaft entsteht kulturelles, soziales und politisches Leben. Das individuelle Leben, wenn überhaupt möglich, ist höchstens eine biologische Daseinsweise.

Die unmittelbare soziale Konsequenz kapitalistischer Arbeitsbedingungen war die Zerstörung von größeren Lebenszusammenhängen. Das gemeinschaftliche Leben und das Bewußtsein der Zusammengehörigkeit sind verloren gegangen. Der um sich greifende soziale Zerfallsprozeß machte nicht halt vor der Großfamilie. Damit war eine letzte stabile Basis sozialer Zusammenhänge gesprengt. Die Aggression des Kapitalismus auf soziale Strukturen war damit lange nicht zum Stillstand gekommen. Auch die Familie und Kleinfamilie werden in den Dekompositionsprozeß einbezogen. Die Ringstruktur der bisherigen Gesellschaft ist damit brüchig geworden. Sie war aufgebaut vom Individuum über die Ehe, Kinder, Verwandtschaft, Großfamilie, Orts- und Dorfgemeinschaft bis hin zu den größeren Gesellschaften und schließlich der universellen Menschheit. Der letzte Hort des Heranwachsenden ist denn auch nicht mehr sicher.

Nunmehr zerfällt selbst die Kleinfamilie. Alleinerziehende Elternteile, meist Mütter (90% aller Alleinerziehenden) sind zunehmend Regel. Die klassische Entwicklungspsychologie wird außer Kraft gesetzt. Die Persönlichkeitsentfaltung erfährt eine grundlegende Veränderung.

Durch Erwerbstätigkeit ist die Alleinerziehende gezwungen, sich für längere Zeit vom Kind zu trennen. Das Kind ist nur teilweise in der Obhut anderer. Meist ist das Kind ganz allein, sich selbst überlassen. Die in der Situation der sozialen Isolation und psychischen Deprivation einschleichenden Schäden sind schwer rückgängig zu machen. Der individualisierte Sozialisationstyp des Kapitalismus ist zum neuen Typus der pathologischen Persönlichkeit geworden.

Die wachsende Bedeutung der sozialen Isolation

Je tiefer wir uns mit den Ursachen von psychischen Störungen beschäftigen, um so deutlicher entdecken wir die zerstörerischen Folgen der sozialen Isolation.
Wenn wir uns mit dem komplexen Kausalzusammenhang der Entstehung und Entwicklung von seelischen Leiden befassen, müssen wir die wachsende Bedeutung der psychischen Atomisierung als eigentliche psychopathogene Kultur in den Mittelpunkt des Forschungsinteresses stellen. In der sozialen Isolation ist die Pathologie der Seele keimhaft angelegt. In der Isolation findet keine Kommunikation statt, sondern Deprivation. Vom Grad der Kommunikationseinschränkung und der psychischen Deprivation hängt das Ausmaß der pathologischen Entwicklung ab.

Die extreme Form der Isolation ist die Einzelhaft. Doch ist die „Isolation“ nicht an die Zahl Eins gebunden. Die Partnerbeziehung stellt oft eine Isolationssituation zu zweit dar. Die kleine Gruppe, die Clique, ist vielfach nur eine organisierte Form von Isolation.

In Deutschland ist soziale Isolation zur gewöhnlichen Lebensform geworden: Isolation am Arbeitsplatz. Isolation im Wohnbereich. Isolation im Verkehr. Isolation in der Freizeit. Wie ausgeprägt die Isolationkultur geworden ist, zeigt sich am deutlichsten – paradoxerweise – bei der Unterhaltung. Der Inbegriff der Geselligkeit ist zum Synonym von Isolation geworden. Unterhaltung von der Steckdose.

Sitzwache vor der TV. Fernsteuerung von Programmen als Mittel von Abwechslung, wobei die Selbststörung als Unterhaltung wahrgenommen wird. Isolation in der Freizeit weiterhin in der Spielhalle. Kommunikation mit Flippern. Unterhaltung mit Spielautomaten. Einarmiger Bandit als Unterhalter, der vielen zur therapieressistenten Sucht geworden ist. Die „Alleinunterhaltung" ist nicht der einzige Ausdruck der Vergesellschaftung von Isolation, der Atomisierung der Gesellschaft. Die Perversion durch Isolation geht noch weiter bis in die intimste Sphäre des Menschen. Die gewerbliche Sexualität, Peep show, Sexautomaten aller Art, wo Liebe und Erotik nicht einmal auf den menschlichen Partner oder Partnerin angewiesen sind. Die Isolation als Dauergefährtin begleitet die Menschen in den Urlaub. Isolation bei Krankheit. Isolation im Alter. Isolation in Notsituationen. Isolation von Behinderten. Isolation von Arbeitslosen. Isolation von Deklassierten. Isolation von sozialen Gruppen, denen die öffentliche Akzeptanz versagt wird. Isolation von Lebensformen, die willkürlich definierten Normen nicht entsprechen. Isolation durch Segregation und Gettoisierung. Gipfel der Ironie ist der Weg von der Pathologie durch Isolation in die Therapie durch Isolation. Die Opfer der Isolation landen in der Isolation der „geschlossenen und halbgeschlossenen Psychiatrie". Eine durchgreifende totale Isolation. Gefangene in Einzelhaft. Jeder hat seine Zelle. In einem Fall ist der Schlüssel beim Aufseher. Im anderen Fall tragen die Gefangenen ihren Schlüssel in der eigenen Tasche. Die leichtfertige, kommerzialisierte Verbreitung von elektronischen Arbeits- und Unterhaltungsgeräten verstärkt nur die Pathologie in einer ohnehin isolationsanfälligen Kultur. Man kann sein eigenes Unterhaltungsprogramm in der Einzelwohnung ohne Menschenkontakt haben. Wenn mensch sein Bedürfnis nach Eigenleistung befriedigen will, bleibt ihm nur die Channelbewegung übrig. Verläßt er die Wohnisolation, so läßt er sich begleiten vom Handy, Kopfhörer, Hund oder was auch immer. Die Zerstörung von Kommunikationsstrukturen und kooperativen Zusammenhängen hat offensichtlich den Endpunkt noch nicht erreicht. Fernuniversitäten für den single learner Zuhause (z.B. Fern-Uni Hagen). Einsame Lernende, später einsam Arbeitende, am Bildschirm oder im Maschinenraum. Vereinsamung im Geschäftsverkehr durch automatische Kontakte, Fernbedienung und -steuerung. Anonymer Austausch. Die Frage nach den Ursachen von Verhaltensstörungen ist nur noch eine rhetorische.

Die Symptomatik reicht von einem pathologischen Rededefizit („man hat keinen, mit dem man spricht") über Unsicherheit, Pho-

bien, und Verlust des Verhältnisses zur Realität bis hin zu den unterschiedlichsten Formen von Halluzinationen und Depressionen. Bei jedem Symptom sollte anamnestisch nach Isolationssituationen gefahndet werden; selbst wenn es nur Zähnebrüche sind. Auch diese können eine psychische Ursache, z.B. soziale Isolation haben. „Man beißt sich in die eigenen Zähne“ als Folge von Rededefiziten bei sozialer Isolation. Die Menschen kompensieren den Reizmangel, indem sie sich selber reizen – durch Provokation von Schmerz am eigenen Leib.
Mit jeder Ätiologie von psychischen Störungen geht Isolation einher. Dieser Isolationsbegriff muß für therapeutische Zwecke breit interpretiert werden. Die Isolationshaft ist nur die Spitze eines Eisberges. Außerhalb von Gefängnissen leben viele Menschen in völliger Isolation. In äußerster Form ist Isolation die Eingeschlossenheit in vier Wänden. Doch ist Isolation nicht nur Eingesperrtsein. Isolation gibt es auch bei Menschenkontakt. Es gibt viele Formen, einen Menschen zu isolieren, ohne ihn von der Runde physisch auszuschließen. Jede reduzierte Kommunikation stellt eine Form von Isolation dar. In der westlichen Kultur ist soziale Isolation normaler Alltag geworden. Die Menschen haben sich damit abgefunden und daran gewöhnt, aber das bedeutet nicht, daß sie daran nicht krank werden. Pathologie wurde zur Normalität. Der Mensch hat gelernt, diese Krankheit, die Störung, zu verdrängen oder zu überspielen. Aber sie ist da und man braucht nur ein bißchen zu kratzen, dann kommt die gesamte Tragweite dieser Isolation und ihrer pathologischen Folgen sehr deutlich in Erscheinung.

Therapeutischer Praxisbezug

Rückgliederung ist die Aufnahme in eine tragfähige Gemeinschaft, in der der/die Betroffene Anerkennung, Achtung, Akzeptanz, Selbstverwirklichung erfährt. Die Therapie als Technik muß den Übergang von der „Isolation“ als Ursache zur „Reintegration“ als Ziel herstellen. Hierzu sind Methoden sprachtherapeutischer, kommunikativer Art erforderlich. Der Erfolg hängt jedoch davon ab, daß eine objektive Eingliederung des Einzelnen in die Gesellschaft gewährleistet ist. Notwendig ist vor allem die soziale Eingliederung, sprich Wohnung und Arbeitsplatz. Für die Nichterwerbstätigen gilt auf jeden Fall, die Existenzsicherung zu regeln. Nicht unterschätzt werden darf die kulturelle Integration. Es sind auf jeden Fall die

Minima von sozialer Eingliederung sicherzustellen: Je fester der Mensch, der eine psychiatrische Anamnese hinter sich hat, in Gruppen und tragfähigen Zusammenhängen eingebunden ist, wo er mit Kommunikation und Solidarität rechnen kann, um so geringer ist die Wahrscheinlichkeit, rückfällig zu werden.

Antiisolationstherapie: Die Therapie leistet Rückgliederung. In methodisch-technischer Hinsicht geschieht sie in Form der „Rückmeldungen", die von TherapeutInnen an die Ratsuchenden vermittelt werden. Wir alle sind auf Rückmeldungen angewiesen. Im sozialen Handeln besteht stets Bedürfnis nach Rückmeldung. Darauf muß in der therapeutischen Kommunikation geachtet werden. Das heißt vermitteln: Ist die Aussage angekommen, nicht angekommen, war gut, schlecht, war verständlich, nicht verständlich, habe mich gut verhalten? Feed back, Rückkopplungen und Rückmeldungen sind ganz verständliche, menschliches Bedürfnis und äußerst hilfreiche therapeutische Handlungen. Niemand ist stark genug, um darauf zu verzichten. Jemand, der/die lange isoliert war, hat diese Rückmeldungen nicht bekommen, hat dadurch den Bezug zur Realität verloren.

Richtig verstanden kann Therapie nie individuell sein, weil es ja gerade diese Individualisierung ist, die entsprechende Störungen hervorgerufen hat. Die individuelle Therapie hat höchstens dann eine Bedeutung, wenn sie wieder reintegriert. Es kann nicht oft genug betont werden, Eingliederung, Hinführung in die Gruppen und sozialen Zusammenhänge ist ein Gradmesser und Garant für den Erfolg der Psychotherapie.

Zusammenfassung

Die wesentliche Ursache für psychische Störungen ist „Isolation". Bei allen Störungen findet sich unter den Ursachen „Isolation" als eine der wichtigsten pathogenen Faktoren. Der Mensch ist ein soziales Wesen. Isolation ist Entmenschlichung. Durch Isolation tritt Verlust von menschlicher Substanz ein.
Aus dieser Erkenntnis ergeben sich unmittelbare Konsequenzen für die Praxis. Wichtigster Aspekt der Therapie ist die „Rückgliederung" als Zielsetzung.

Verunsicherung

Jede Labilisierung der Persönlichkeit hat Wurzeln in einer Erfahrung, die zur Verunsicherung führt. Das Selbstvertrauen oder das Sicherheitsempfinden werden durch einschneidende Erlebnisse verunsichert oder gar erschüttert. Verunsicherung besagt, daß die Sicherheit, die Grundlage der Stabilisierung der Persönlichkeit, ins Wanken gerät. Zukunft, Beruf, Wohnung und andere wichtige Stützen des emotionalen, materiellen und sozialen Lebens erscheinen als unsicher. Auch das Vertrauen in die eigene Kraft, in das Urteilsvermögen und die persönlichen Fähigkeiten kann verunsichert werden und beträchtlich zur Labilisierung der Persönlichkeit führen und damit die Voraussetzung für psychische Störung schaffen. Je intensiver und je öfter die Verunsicherung erlebt wird, um so nachhaltiger und extremer ist die Labilisierung. Verunsicherung geschieht durch wiederholte Enttäuschungen. Verunsicherung kann auch unerwartet und plötzlich kommen. Doch sind extreme Erlebnisse von Gefahr und Androhung von Gefahr geeignet, von den institutionalisierten Formen der Verunsicherung abzulenken. Die Schule verunsichert. Die Institutionen der Bestrafung und Strafverfolgung verunsichern. Die individuelle Verantwortung für objektiv angelegte oder kollektiv begangene Handlungen verunsichern. Verunsicherung ist ein Mittel der Herrschaftssicherung. In Deutschland besteht eine Kultur der Verunsicherung. „Verunsicherung" ist erster Schritt in die Persönlichkeitsstörung. Die Analyse zeigt, wie sehr individuelle Therapie und die Notwendigkeit grundlegender gesellschaftlicher Veränderung miteinander verflochten sind.

Unsicherheit

Mit Hinblick auf das bisher Gesagte definieren wir „Unsicherheit“ als das unmittelbare Ergebnis von „Verunsicherung“. Der Ausdruck „Unsicherheit“ faßt viele Erscheinungen zusammen, die mit Selbstunsicherheit, mangelndem Selbstvertrauen, negativer Selbsteinschätzung, Unentschlossenheit, Entscheidungsunfähigkeit, Angst und Phobien, einhergehen. Unsicherheit ist Bestandteil praktisch jeder psychischen Störung. Die Unsicherheit der Erwachsenen überträgt sich durch Erziehungsverhalten auf die Kinder und Jugendlichen. Sie wird dann in der bürgerlichen Schule regelrecht gezüchtet. In den weiteren Lebensinstanzen wird Unsicherheit vor- und einprogrammiert. Jede neue Verunsicherung verstärkt die Unsicherheit. Für das Vorhandensein der Unsicherheit als allgemeines Merkmal des Menschen im Kapitalismus sind allerdings nicht Sozialisationsprozesse und erzieherisches Fehlverhalten hauptsächlich, sondern die gesellschaftlich organisierte Individualisierung und die ordnungspolitisch einprogrammierte Erzeugung von Angst, z.B. der „Abschreckungseffekt“ der Justiz und des Strafvollzugs verantwortlich. Zur Legitimation des Strafkodex. der zur relativ harten Bestrafung von Tätern, die selbst als Opfer gesellschaftlicher Verhältnisse handeln, führt, wird die Anschauung vertreten: a) Vergeltung als Sühne und Ausgleich für das Opfer, b) Erziehung des Täters während des Strafvollzugs, und c) Abschreckung für andere, potentielle Täter. Das heißt, für das Versagen des Systems werden die Opfer bestraft, damit das System überlebt. Dieser Fragwürdige Katalog, der in sich widersprüchlich ist, rechtfertigt sich selber zwar unausgesprochen durch eine Sündenbocksideologie, die nur um den Preis der Institutionalisierung von Verunsicherung und Unsicherheit durchgesetzt werden kann. Auf diesem Hintergrund leuchtet es ein, daß für die Ätiologie der Unsicherheit primär soziale Kontrolle, Sanktionen und Bestrafung sowie die Möglichkeit der gesellschaftlichen Deklassierung als verantwortlich anzusehen sind. Nicht weniger wirksam als die Bestrafung ist die Androhung von und damit die Angst vor einer möglichen Bestrafung. Das atomisierte Individuum wird überwacht. Bei ihm wird gezielt die Furcht wachgehalten, jederzeit „ertappt“ zu werden. Es fühlt sich ständig verfolgt. Strafverfolgung und Strafvollzug werden offen damit gerechtfertigt, daß sie – neben vermeintlich erzieherischen Effekt auf den Straffälligen, sowie Vergeltung und Sühne – dazu

da sind, um andere, also Unschuldige einzuschüchtern, d.h. zu verunsichern. Trotz gegenteilig lautender Deklarationen des Grundgesetzes legalisiert der angewandte Gesetzeskodex Wohnrazzien, Gesinnungsschnüffelei und polizeilichen Terror und erzeugt damit eine allgemeine Unsicherheit als gesellschaftliches Merkmal.
Im praktischen Alltag wird beim Einzelnen die Unsicherheit durch unüberschaubare Risiken regelrecht gezüchtet. Wenn Mißerfolge eintreten, wobei der Betroffene allein gelassen und nicht vom Kollektiv unterstützt wird, ist die Folge nicht nur eine Verstärkung der Unsicherheit; vielmehr versucht das Individuum Situationen zu vermeiden, die ein Wiederholungsrisiko bedeuten könnten („avoid reaction"). Nach einer ersten Bestrafung, oder auch nur Androhung von Bestrafung, ist die Reaktion des Einzelnen oft überschießend („overprotective"). Als Folge entfernt sich der Mensch immer mehr von praktischen Erfahrungen, die ihm als risikoreich erscheinen, wodurch vermehrt Sicherheit verloren geht und sich die Unsicherheit noch mehr verfestigt. Von der „Unsicherheit" kann man sagen, daß sie nicht nur ein Symptom von psychisch Kranken ist; sie ist ein allgemeines – wenn auch unterschiedlich ausgeprägtes – Merkmal des Menschen im Kapitalismus. Die klassische Psychiatrie verfehlte die Erkenntnis dieses Phänomens, als sie es mit pseudowissenschaftlichen Ausdrücken wie „Minderwertigkeitskomplex", „Psychose" u.a.m. typologisiert und damit individualisiert hat.
Es ist nicht der Mißerfolg, sondern die Furcht davor verursacht die Unsicherheit. Nicht das Versagen, sondern die Versagensangst nimmt den Menschen die Freude am Leben. Die Folgen eines möglichen Versagens werden überschätzt. Die Angst davor wirkt lähmend auf das Individuum. Die herrschende Kultur übt solchermaßen unsichtbare Macht aus, ohne daß etwas passiert, legen die Menschen die Hände in den Schoß und bewegen sie nur noch auf Befehl. Politische Angst bleibt nicht auf das öffentliche Leben beschränkt, sondern infiltriert die gesamte psychische Struktur bis in die Intimsphäre hinein. Die Unsicherheit ist das Charaktermerkmal der Persönlichkeit in der bürgerlichen Gesellschaft.

Therapie der Verunsicherung und der Unsicherheit

1. Beratung – Argumentationsbasis für TherapeutInnen während der Beratung und für die Selbsthilfegruppen:
Die Erfahrung des Mißerfolgs selbst ist nichts pathologisches. Sie ist sogar die Voraussetzung der Entwicklung und des Fortschritts. Wir können Fehler nicht korrigieren, wenn wir sie nicht machen. Besteht das Leben doch aus Trial and error, *Versuch, Irrtum, Kritik, Verbesserung; Fehlverhalten* und *Korrektion.* Die Menschen kommen zur Welt, auf einen Planeten, den sie nicht kennen, und den sie ohne die Möglichkeit des Irrtums nie kennenlernen werden. Er gehört zum Lernprozeß. Das Leben entfaltet sich durch den Widerspruch zwischen Zielvorstellungen und abweichender praktischer Anwendung. Die Praxis wird gemäß der Theorie korrigiert. Umgekehrt wird die Richtigkeit der Theorie an der Praxis geprüft. Während der Wechselwirkung von Theorie und Praxis entsteht eine Annäherung und schließlich Übereinstimmung zwischen beiden Seiten.

2. Das Theorie-Praxis-Verständnis: Erfolgserlebnisse verstärken die Sicherheit, Mißerfolge die Unsicherheit. Es wäre eine Fehlberatung, wenn Erfolgserlebnisse als Bedingung der Therapie der Unsicherheit angesehen würden. Selbstverständlich bedeutet die Erfolgserfahrung eine positive Verstärkung. Es kommt aber darauf an, den Mut zum Risiko und die Risikobereitschaft einschließlich Fehlermöglichkeiten als natürliche Eigenschaften sozialen Handelns zu stärken. Nur in diesem Zusammenhang ist der Erfolg eine realistische Erwartung mit stabilisierender Funktion. Aber nur Erfolg ernten zu wollen, würde bedeuten, den Einzelnen zu mehr Scheu, vielleicht zur Tatenlosigkeit zu verurteilen. Erfolgserlebnisse sind also nur ein Aspekt der Stabilisierung. Viel wichtiger sind die Solidaritätserfahrung und die gemeinschaftliche Praxis. Im Prozeß von Handeln, Fehler, Kritik, Selbstkritik und Verbesserung vollzieht sich Persönlichkeitsentfaltung im Zeichen zunehmender Sicherheit. In diesem Prozeß werden Unsicherheit und Desorientierung abgebaut.

3. Handeln: Die Sicherheit wird nicht allein durch gutes Zureden gewonnen. Praktische Aufgaben mit Aussicht auf Gelingen und erfahrbare Erfolgserlebnisse verstärken das Sicherheitspotential. Wir stellen uns Aufgaben, die wir lösen können und wollen. Der

Schweregrad wird planvoll erhöht. Der Orientierungsverlust, der mit Unsicherheit einhergeht, wird rückgängig gemacht durch Gespräch und gemeinsames Handeln. Durch die gemeinsame praktische Verantwortung und die Reflexion der gemachten Erfahrungen und geleisteten Aufgaben wird Sicherheit sukzessive gewonnen, bis schließlich eine klare, angeleitete und kollektiv getragene Orientierung wieder gewonnen wird. So wird *Sicherheit wieder aufgebaut.*

4. Stärkung des Vertrauens in die eigene Kraft: Das alte Sprichwort: „Wissen bedeutet Macht" muß dahingehend ergänzt werden, daß durch die Praxis Wissen zur Gewißheit wird. Das abgeänderte Sprichwort gilt hier ebenso wie bei der Therapie der Angst: Vom Wissen zur Gewißheit. Von der Gewißheit zur Sicherheit. Der Therapie der Unsicherheit kommt in erster Linie die Aufgabe zu, den *circulus vitiosus* von Praxisferne und negativer Verstärkung zu durchbrechen. Das Therapieziel ist: *Vertrauen in die eigene Kraft.* Positive Verstärkung und Sicherheit durch Erfahrung. Es leuchtet ohne weiteres ein, daß Unsicherheit – weil die Folge der sozialen Isolation und extremen Individualisierung – nur durch Therapie im Team und Solidaritätserfahrung überwunden werden kann. Das Therapieziel: „Vertrauen in die eigene Kraft" wird durch die beiden Medien: Sprache und Praxis erreicht. Das folgende Schema zeigt rechts den Mechanismus, der die Verstärkung der Unsicherheit verursacht, und links die Praxis, die zu ihrer Überwindung und zur Herstellung des Vertrauens in die eigene Kraft führt.

Die rechte Seite der Graphik zeigt, daß ein Ausweichverhalten durch ein Defizit an Realitätserfahrungen zu einer negativen Einschätzung der eigenen Kraft und zur Selbstherabsetzung und Unterschätzung führt und damit die Unsicherheit und die eigene Angst verstärkt.
Die linke Seite des Schemas zeigt, daß die Konfrontation mit Konfliktsituationen und der Umgang mit Gefahren die Realitäts- und Solidaritätserfahrungen bereichert, die Angst wird abgebaut und das Vertrauen in die eigene Kraft wird verstärkt.
Man kann eine Fertigkeit nicht beherrschen, wenn man sie nicht versucht. Sehr oft glaubt man, bestimmte Forderungen oder Leistungen nicht bewältigen zu können. Dieses Gefühl entsteht besonders in der Ferne von der konkreten Situation. Solche Gefühle sollte man nicht gewähren lassen. Man kann ihnen in der Weise entgegenwirken, daß man auf die eigene Kraft vertraut. Mit diesem Selbstvertrauen verschafft man sich günstige Voraussetzungen für den Erfolg. Eigent-

liches Vertrauen gewinnt man aber erst in der konkreten Situation selbst, in der Praxis.

Schematische Darstellung wie Unsicherheit und Angst verstärkt oder abgebaut und wie Sicherheit und Selbstvertrauen wieder aufgebaut werden können

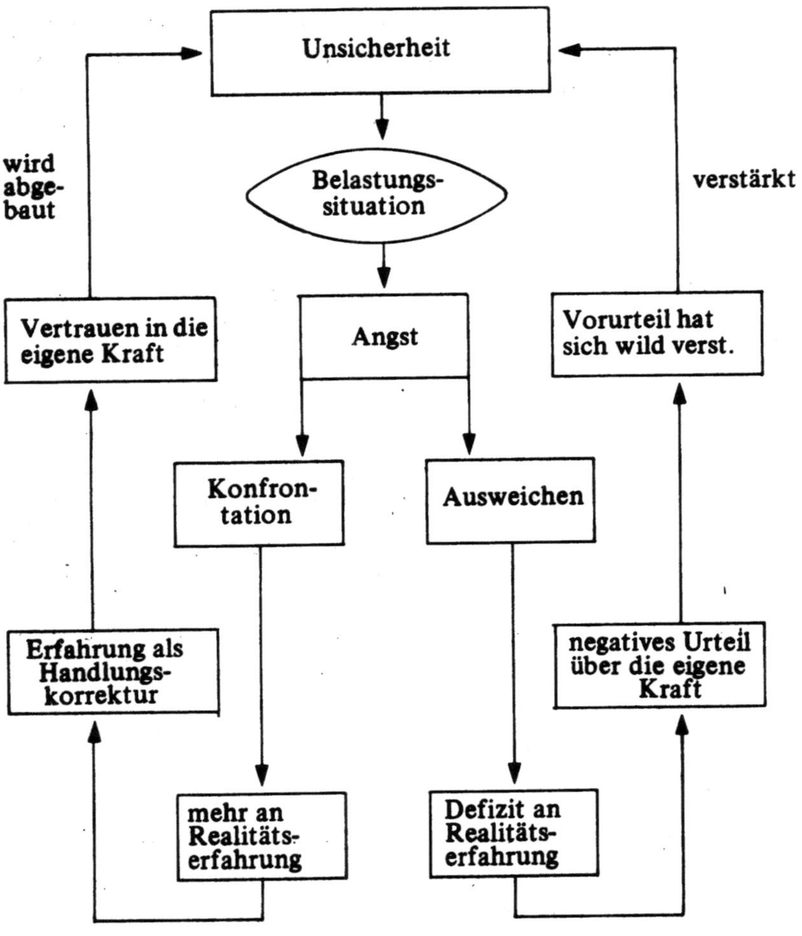

Angst

Der Ausdruck „Angst“ beschreibt eine große Bandbreite von Empfindungen, die von einer begründeten Furcht vor einer realen Bedrohung bis hin zu den lähmenden panischen Gefühlen reicht. Mensch entwickelt durch Erfahrung eine Angst, die den ursprünglichen Zweck hat, dem Selbstschutz und Überleben zu dienen. Jedoch können bestimmte soziale Verhältnisse eine extreme Angstreaktion auslösen, so daß die Heranwachsenden fast bis zur Lähmung handlungsunfähig gemacht werden. Kinder können unter diffusen Ängsten leiden oder nur auf bestimmte Situationen mit Angst reagieren: z.B. Dunkelängste.

Woher kommen die Ängste der Menschen?

Mit einem der wichtigsten sowohl der normalen als auch pathologischen psychischen Erscheinungen konfrontiert, waren viele damit befaßt, das Angstphänomen herzuleiten. Ein Erklärungstheorem führt die Angst sogar auf den ersten Augenblick der Niederkunft des Kindes zurück: Es verläßt das vertraute Milieu der Gebärmutter, wo das Kind angstfrei lebte und ohne Mühe und Arbeit versorgt wurde. Mit dem Verlust des Plazentaschutzes, der Abnabelung und der selbständigen Daseinsweise lernt das Kind zu fürchten, Angst zu haben und wird sein ganzes Leben nicht mehr frei davon. Zu dieser biologistischen Denkweise ist am allerwenigsten zu sagen, daß diese Vorstellung zwischen den Formen der Angst, die jeweils an ihre Ursache gekoppelt sind, nicht unterscheidet. Aus dieser Hypothese kann z.B. die politische Instrumentalisierung der Angst nicht erklärt werden.

Von der Sicht des historischen Herangehens an die psychische Erscheinung der Angst muß herausgestellt werden, daß Angst stets als eine Antwort auf eine bestimmte Erfahrung, die „Angsterfahrung“ erfolgt. Angst ist bei den einzelnen Menschen unterschiedlich ausgeprägt. Sie ist in dem Maß vorhanden, wie die Einzelnen die Erfahrung mit der Angst machen. Bestimmte Erlebnisse sind so extrem und zugleich so wenig auf der Vernunftebene aufgearbeitet, daß sie in irrationale Angst, die Phobie, umschlagen. Wenn jemand einmal das Fürchten „gelernt“ hat, dann ist er von da an anfällig dafür, die reale Gefahr zu überschätzen: Er bleibt auch außerhalb der Gefahrenzone von der Phobie geplagt.

Die Genese der Angst wird psychologisch durch die Bildung bedingter Reflexe auf bestimmte Handlungen, die mit Bestrafung und Schmerz einhergehen, erklärt. Die Angst kann aber auch dort, wo keine reale Erfahrung gemacht wurde, entstehen, wenn der Mensch entsprechend sensibilisiert ist. Das kann sinnvoll sein; so erweckt z.B. der Ausdruck „Atomgefahr" eine Angstreaktion. Andererseits kann durch gezielte Konditionierung der Mensch eingeschüchtert und fügsam gemacht werden, so z.B. bei Ausdrücken wie Polizei, Schlag, Strafe, Gefängnis und auch nur verbale Drohungen anderer Art.

Einschüchterung und das Züchten anhaltender Angst ist das Herrschaftsprinzip der Klassengesellschaft. Angsterzeugung ist ein entscheidendes Mittel, um Menschen gefügig, gehorsam und untertänig zu machen. Die Entdeckung der Angst als Instrument der Herrschaftssicherung kam mit den Ursprüngen der Klassengesellschaft auf. Zu ihren frühen wichtigen Formen zählt die Erzeugung von Angst gegenüber sichtbaren und unsichtbaren Autoritäten. Die Klassenherrschaft braucht die Angst als ordnungspolitisches Machtmittel. Die Angst hemmt die Opposition und fördert die Bereitschaft zur Untertänigkeit und Unterwerfung.
Der Kapitalismus entwickelt – vielmehr als alle bisherigen Klassengesellschaften – ein umfassendes Kontroll- und Repressionssystem. Jeder Institution kommen Überwachungs- und Einschüchterungsfunktionen zu. Dabei haben mehrere Einrichtungen ausschließlich Disziplinierungsaufgaben: Polizei, Justiz, Strafvollzug. Aber auch durch die zivilen Institutionen der Verwaltung und Bürokratie und in den sonstigen Beziehungen des Staates zur Bevölkerung wird dem Menschen Angst vermittelt. Jede Fehlleistung ist mit Bestrafung – zumindest in der Form einer nicht zu gewährenden Erfolgsprämie – verbunden. Das System von Lohn und Strafe, Androhung von Bestrafung, Folgenachteilen, Weigerung und Entzug von Bedürfnissen prägt dem Menschen seit frühster Kindheit die Angst als Lebenshaltung ein. Die Schule erzieht zur Angst – durch Angst. Der bürgerliche Staat gibt seine Fähigkeit zur Überwachung und Bestrafung zu erkennen und läßt die BürgerInnen seine reale Macht überschätzen. In der bürgerlichen Gesellschaft fühlt sich der Mensch überall überwacht und von jeder Institution kontrolliert. Er wird so verängstigt, daß er durch die bloße Einschüchterung und

Androhung beherrschbar wird. Nur noch geringfügige Signale, die an physischen, psychischen oder sozialen Schmerz erinnern oder mit Bestrafung assoziiert werden, lösen eine Reaktionskette von Ängsten aus. Die Angst ist ein fatales Merkmal des individualisierten Menschen in der bürgerlichen Gesellschaft. Die Angst deformiert den Menschen, hemmt seine Kreativität, zerstört seine Identität und beraubt ihn der Souveränität. Die Angst soll ihn daran hindern, die Emanzipation und ein selbstbestimmtes Leben zu erwerben.

Das System der Klassenherrschaft basiert auf der Angstpsychologie. Es konsolidiert sich dadurch, daß die Menschen ständig in Angst gehalten werden, das Gefühl haben, ständig kontrolliert zu sein, daß es keinen Zweck hat, Widerstand zu leisten. Noch mehr, es wird ihnen eingeprägt, daß der Staat, der sie verfolgt, nur zu ihrem eigenen Schutz und ihrer Sicherheit da ist („Law and order"). Angst ist das Herrschaftsmittel der Klassengesellschaft. Angst ist psychologische Macht der Herrschenden über die Ausgebeuteten. Die Herrschaftssicherung erfolgt in erster Linie nicht durch die physische, sondern durch die psychische Angst. Der Terror wird nur exemplarisch gegen Einige gerichtet, um Viele einzuschüchtern. Die Erzeugung von Massenangst wird als die Voraussetzung zur Systemerhaltung angesehen.

Erst jedoch und gerade im Widerstand machen die Unterdrückten die Erfahrung von der Solidarität und gewinnen Vertrauen in die eigene Kraft. Widerstand und kollektive Aktionen erhalten unter diesem Gesichtspunkt – über ihre historische Bedeutung hinaus – eine therapeutische Funktion für den einzelnen Menschen, der daran teilnimmt.

Therapie der Angst

Da Angst in der sozialen Isolation entsteht und gefördert wird, ist die Überwindung der Vereinzelung eine unentbehrliche Voraussetzung zur Überwindung der Angst. Der vereinzelte Mensch ist der Übermacht der Herrschenden ausgesetzt. Leben in tragfähiger Gemeinschaft und die Bildung solidarischer Kollektive fördert das Vertrauen in die eigene Kraft.
Vorhandene Angst ist ein Maß für die Schwächung der persönlichen Abwehrbereitschaft. Folglich bedeutet die Therapie der Angst die

Stärkung der Widerstandskraft. Durch die Teilnahme an gesellschaftlichen Aktionen und die damit verbundene Solidaritätserfahrung lernen die Menschen die eigene Kraft zu entdecken und zu schätzen wissen.

Auch wenn man in der Psychotherapie diesem politischen Ansatz nicht folgen will, gibt es keine Alternative dazu, daß nur in der praktischen Realität der Mensch von der Angst befreit werden kann. Das heißt, verbale Therapie bleibt Schall und Rauch, so lange sie nicht auf eine Handlungsbasis stützt. Therapeutische Vorschläge mit Hinblick auf Erfahrungswerte, die Angst abbauen und Vertrauen in die eigene Kraft schaffen, richten sich nach dem Einzelfall und der konkreten Situation. Im Gespräch sollen vertrauensbildende Maßnahmen ermittelt werden, vor allem solche, die das Selbstvertrauen stärken, leistbar und praktikabel sind.

Phobie

Wortbedeutung

Phobie gelangte aus dem arabischen haba über das Griechische in die europäischen Sprachen. Es bedeutet: „Angst"; „Schrecken"; „Furcht"; „Ehrfurcht".

Fachliche Bedeutung: „Phobie" ist ein psychologischer Ausdruck für eine pathologisch ängstliche Haltung. Angstzustand als Grundzug, der das gesamte Verhalten des Individuums begleitet. Eine berechtigte, rational reflektierte Angsterfahrung ist keine Phobie. Phobie (= Angst) besteht, wenn eine nicht vorhandene Gefahr oder Bedrohung gedanklich, *bewußtseinsmäßig* durchgemacht wird. Es sind derartige krankhafte Ängste und Zwangsbefürchtungen, die als *Phobien* bezeichnet werden. Die Angstempfindung kann den Betroffenen anhaltend erfassen und zum Persönlichkeitsmerkmal werden.

Woher kommen die Phobien?

Phobie kann auch eine spezifische Form annehmen. Jemand, der einmal brieflich eine Kündigung erhalten hat, darauf arbeitslos und mittellos geworden ist, dann wieder (deshalb) über die Post Mahnungen von unbezahlten Rechnungen sowie Absagen von Bewerbungen bei Anstellungsträgern bekommt, entwickelt im Laufe der Zeit eine „Postphobie". Diese einfache Angsterfahrung begründet die Erscheinungsform Phobie, braucht jedoch nicht psychopathologisch typologisiert zu werden. Phobien werden aber auch oft an harmlosen Gegenständen festgemacht, verschleiern damit jedoch größere verdrängte Ängste. Es gibt z.B. Phobien vor leeren Tüten in der Annahme, sie enthalten gefährliche Explosivstoffe. Schlangen-, Hunde- oder Katzenphobien können eine anamnetische Ursache haben.

Erscheinungsform

Irreale Angst schießt über die reale Gefahr hinaus. Die Phobie kann sich soweit eskalieren, daß sie sich unabhängig von einer realen Bedrohung entwickelt und in einem beliebigen Gegenstand den angstauslösenden Anlaß sehen. Bei der ausgeprägten Phobie ist der

Grund zur Angst bereits sekundär. D.h., es ist relativ gleichgültig, aus welchem Grund auch immer die Angsthaltung vergegenwärtigt wird. Die bestehende Angsthaltung wird auf ein naheliegendes Objekt, das als furchterregend wahrgenommen wird, projiziert; somit verwandelt sich der Gegenstand in eine Angstquelle.
Die Phobie kann hochgradig ausgeprägt sein, so daß sie zum Bestandteil der Persönlichkeitsstruktur wird. Liegt kein unmittelbarer Grund für die Angst vor, so bildet sich der Betroffene furchterregende Eventualitäten ein. Treten tatsächlich Situationen schon mit geringem Risiko ein, so lösen diese beim Betroffenen eine überschießende Angstreaktion aus. Dieser Zustand ist Ausdruck extremer Labilisierung und Verunsicherung der Persönlichkeit.

Beachten Sie bitte die Entwicklung:
Verunsicherung ⇨ Unsicherheit ⇨ Angst ⇨ Phobie

Die Phobien sind ein gutes Beispiel für die gesellschaftlichen Ursachen von psychischen Störungen. Der bürgerliche Staat, seine Kontrollinstanzen und Repressionsinstrumente versuchen, der Bevölkerung stets das Gefühl zu geben, auf Dauer kontrolliert, von der Strafverfolgung überwacht und von sozialen Sanktionen bedroht zu sein.

Vorschläge zur Therapie der Angst lassen sich sinngemäß auf die Phobie übertragen.

Depression

Depression: (lat.) Niedergeschlagenheit; traurige Gemütslage; seelisches Tief; bedrückte Stimmung; Verstimmung; Bedrücktsein.

Jeder Mensch macht häufig Phasen von Depressivität durch.

Ätiologie und Ursachen

Depression ist eine Reaktionsweise auf enttäuschende Erlebnisse. Enttäuschungen führen zu Frustrationen, zunehmende Frustrationen zu Depressionen. Deshalb soll die Ursachenforschung bei den Enttäuschungen ansetzen. In erster Linie sind es Enttäuschungen im Ausbildungsbereich, im Beruf, im emotionalen und Familienleben, die eine depressive Neigung auslösen können. Versagen eines sozialen Aufstiegs, Ausbleiben von Anerkennung, Nichtgelingen sowie andere Enttäuschungen und wiederholte, anhaltende Ohnmachtsempfindungen können rational aufgearbeitet und durch Alternativen kompensiert werden, womit ihre depressive Wirkung verhütet wird. Im anderen Fall kann eine pathologische Reaktion eintreten.

Die von mittelständischen Forschern betriebene Psychiatrie vernachlässigte bisher die Existenznot als Depressionsbedingung. Die bürgerlichen Wissenschaftler konnten sich zu wenig in die Situation der ärmeren Bevölkerungsteile hinein fühlen. Depression kann als unmittelbare Reaktion auf soziale Not und materielle Armut eintreten. Unsicherheit des Arbeitsplatzes, die Sorge um die Zukunft, um die Versorgung der Angehörigen, um den Erhalt der Wohnung und der an Kosten gebundenen Existenzbereiche schlagen in eine anhaltende depressive Stimmung als Lebenshaltung um.

Als allgemeine Bedingung von Depression läßt sich grundsätzlich eine Charakteristik der bürgerlichen Gesellschaft angeben, die darin besteht, daß persönliche Bedürfnisse und herrschende Interessen nicht übereinstimmen, ja einander ausschließen. Die Erfüllung eines Bedürfnisses kann sogar mit Bestrafung geahndet werden. Unerfüllte Bedürfnisse schlagen als Frustrationen nieder. Die Dauerfrustration verbunden mit dem Gefühl der Ohnmacht, den Status zu verändern, schlägt in Depression um. Die unmittelbaren von Depression lassen sich wie folgt aufzählen:

1. Individualisierung und Atomisierung des Menschen.
2. Das Individuum wird ständig in eine Überforderungssituation versetzt. Die Nichteinhaltung der Normen wird mit Sanktionen bestraft. Minderwertigkeits- und Schuldgefühle werden hervorgerufen. Die Bemessung des Menschen aufgrund seiner Leistung versetzt ihn ständig in das Gefühl, versagt zu haben. Depression ist eine Verhaltensreaktion auf einen Versagenszustand.
3. Die Kleinfamilie spielt als depressogenes Milieu eine Rolle. Sie hemmt die Persönlichkeitsentfaltung und beeinträchtigt das Selbstvertrauen und die Eigenständigkeit.
4. Die Existenzunsicherheit und materielle Not unter den Bedingungen des profitorientierten Arbeitsmarktes schlagen im Psychischen als Depression nieder. Die Furcht um den Arbeitsplatz, die ständige Sorge um den Lebensunterhalt, die Wohnung und andere einkommensabhängige Bereiche verursachen eine ständige seelische Beklemmung.
5. Wer einen Arbeitsplatz findet, muß ihn annehmen, ohne dabei Rücksicht darauf zu nehmen, ob er den persönlichen Motivationen und dem eigenen Ehrgeiz entspricht. Dieser Zustand macht die Menschen nicht nur während der Arbeitszeit, sondern während des Berufslebens insgesamt depressiv.
6. Depression ist die hilflose Reaktion des Menschen auf die staatliche Überwachung und Drohung. Existenzunsicherheit und Angst unter der kapitalistischen Herrschaftsstruktur zersetzen die psychische Stabilität.
7. Verlust von Lebenszielen und sozialen Entwürfen: weltanschauliche Orientierungslosigkeit und Perspektivlosigkeit wirken sich depressogen aus. Der Verlust von Sinn und Wert des Lebens läßt eine lähmende Wirkung zurück.
8. Depressiv reagiert der Mensch dann, wenn er seinen Verpflichtungen nicht mehr nachzugehen imstande ist. Depression ist hier die Folge von chronischen Frustrationszuständen. Die Häufung von Enttäuschungen bei mangelnden Erfolgserlebnissen verstärkt das deprimierende Empfinden.

   Hierzu gehört auch der Terminstreß und die Nichteinhaltung von Verabredungen sowie die Schwierigkeit überall rechtzeitig zu sein, Arbeitsaufträge auszuführen, Aufgaben zu meistern, Versprechungen und Erwartungen einzulösen.
9. Depression entsteht auch durch engen Wohnraum und Arbeitsplatz, insbesondere durch soziale Isolation im Wohnbereich.

Depressiv wirken sich aus ungewollte Lebens- und Arbeitszusammenhänge.

10. Monotone Tagesabläufe, wie sie sich im Leben eines Fließbandarbeiters, einer Akkordarbeiterin oder einer Hausfrau darstellen, ohne Originalität oder Innovation, ohne schöpferische Eigenleistung und ohne Abwechslung, und die sich über Jahre erstrecken.
11. Verlust von Lebensinhalten und von Existenzsinn. Leben ohne erkennbare Bedeutung für andere ist sehr depressionsanfällig. Gleichsinnig wirkt das Fehlen von Freunden und persönlichen Erlebnissen.
12. Bestimmte Kommunikationsformen sind geeignet, Depressionen zu erzeugen und zu fördern. Dazu zählen insbesondere:
    - Nicht geäußerte Gefühle,
    - nicht ausgelebte Emotionen,
    - nicht „ausgeweinte Tränen“,
    - nicht geäußerte Freude bzw. Trauer,
    - nicht freigesetzte Frustrationen,
    - nicht abgebaute Aggressionen,
    - mangelnder Sinn für Humor und den Frohsinn.

Die positive Umkehrung des oben angeführten Negativ-Katalogs hilft mit, Depressionen abzubauen. Sinngemäß werden Depressionen gefördert, wenn dem Individuum verwehrt wird, seine Emotionen zu äußern und Spannungen zu entladen. Diese nehmen um so stärker zu, je häufiger man Aggressionen ausgesetzt ist. Eine emotionsfeindliche Reaktion gegen jemanden, der seine Gefühle äußert, verstärkt seine Depression.

Erscheinungsformen von Depressionen

Depressivität äußert sich in mannigfacher Weise: Rückzug, Resignation („Das ist ja alles in meinem Leben sinnlos“). Leere, Ängste, Gefühlsvakuum, verringerter Antrieb, Entscheidungsunfähigkeit und somatische Reaktionen, insbesondere Blutunterdruck, sind weitere Grundgesten bei Depressivität.

Depression ist eine typische psychische Störung der spätkapitalistischen Gesellschaft. Im ethnopsychiatrischen und kulturanthropologischen Vergleich zeichnet sich die europäische Gesellschaft durch die extrem hohe Verbreitung von Depressivität aus. In transkultureller Relation zeichnet sich Deutschland durch ein depressionsbegünstigendes Klima aus. Depression ist hier Volkskrankheit und besteht latent oder manifest, gering oder hochgradig ausgeprägt bei 80-90% der Bevölkerung. Die Gesellschaft der Bundesrepublik ist durch Institutionen und Kommunikationsformen mit depressogenem Einfluß besonders gekennzeichnet. Es wird häufig beobachtet, daß MigrantInnen aus lebensbejahenden, -frohen Kulturen nach wenigen Jahren Deutschlandaufenthalt depressive Neigungen übernehmen. Depressionen bei MigrantInnen werden zusätzlich durch Diskriminierung, Überwachung und Repression verschärft.

Sonderformen

Schülerdepression

Leistungskontrollen, Benotung und ständige Beurteilung verstärken bei den Jugendlichen die Schulangst. Mit jeder schlecht benoteten Leistung oder nicht bestandenen Prüfungen wächst bei den betroffenen Schülern die Enttäuschung und Frustration und schließlich die Depressivität. Schüler identifizieren sich mit den Noten und betrachten sie als Bewertung ihrer ganzen Person. Im Fall des Schulversagens trägt der Schüler die Folgen während seines ganzen späteren Lebens mit. Ausgliederung aus der Schule sperrt ihm den Weg in die höhere berufliche Laufbahn. Noten unterhalb der Anforderungen des Numerus clausus bedeuten Zwang zu nicht erwünschten Karrieren oder gar Arbeitslosigkeit. Vor diesen realen Möglichkeiten reagiert der Schüler mit Depressivität. Mit verstärkter Unsicherheit und Angst nimmt die Depression zu. Im Ernstfall, wenn z.B. der Schüler eine bestimmte Prüfung nicht besteht, kann eine extreme Verzweiflungstat überlegt oder spontan als Kurzschlußhandlung folgen. Die Bildungspolitik verschließt die Augen vor der zunehmenden Depressivität und Suizidalität unter Schülerinnen und Schülern.

Weibliche Depression

Frauen sind von der Depression stärker betroffen als Männer. An die Frau werden extreme Rollenanforderungen gestellt. Sie kann sie nicht erfüllen und reagiert darauf mit Depression. Da es nach herrschender Norm der Frau nicht ziemt, kämpferisch zu sein, reagiert sie auf unerträgliche Lebenssituationen mit Depression.

Durch die frühe geschlechtsspezifische Sozialisation wird der Frau eingeprägt, daß sie hilflos, schutzbedürftig und auf die Unterstützung durch den Mann angewiesen sei. Den Frauen wird damit die Initiative zur Veränderung des gesellschaftlichen Seins und damit ihrer Lage genommen. Je stärker eine Frau die weiblichen Rollenanforderungen der Gesellschaft verinnerlicht, um so gefährdeter ist sie, depressiv zu reagieren.

Durch unterschiedliche Rollenzuweisung werden dem Mann gewisse Fehler zugestanden, wo die Frau sich keinen Fehler erlauben darf. Außerdem lernt der Mann, sich als stark hinzustellen. Er blufft eher und dreister als die Frau. Während der Mann lernt, seine Probleme zu überspielen, zeigt die Frau ihre Hilflosigkeit. Das erklärt auch den Umstand, daß Frauen eher eine Psychotherapie wegen Depression als Männer suchen. Einem Mann wird gesagt: „Reiß dich zusammen!“ Einer Frau wird erlaubt, depressiv zu sein.

Durch die unterschiedliche Normenzuweisung und Verhaltenserwartungen haben Frauen noch mehr Gründe, depressiv zu sein. Im arbeitsteiligen Produktionsprozeß kommen der Frau die Mutterrolle und der Haushalt zu. Sie wird so von gesellschaftlichem Leben, öffentlichen Aufgaben und politischem Kampf abgeschnitten. Neben einer sehr politischen Minderheit von meist berufstätigen Frauen ist die weibliche Mehrheit konservativ und eher unpolitisch. Zudem haben die weiblichen Aufgaben im Familienisolationismus keine Aussicht auf gesellschaftliche Anerkennung. Sie werden ohne Erfolgsorientierung Tag ein, Tag aus routinemäßig absolviert. Der stumpfsinnige, sich täglich wiederholende Kleinkram des Haushalts ohne jede schöpferische Leistung ist auf Dauer langweilig. Haushalt als Daseinsweise läßt das Leben als sinnlos erscheinen und schlägt als Depression nieder.

Von der Frau werden gegensätzliche Verhalten erwartet, so daß, wie sie sich auch immer verhält, sich falsch verhält. Denn erfüllt sie die eine Rolle, versagt sie in der anderen. Z.B. wird von ihr erwartet, Mutter und zugleich Geliebte zu sein. Ist sie gute Mutter, versagt sie in der Liebe und umgekehrt („Doppelbind“). Von ihr wird erwartet, „seriös“ und „verspielt“ zu sein; „Heilige und Hure“ („Beziehungsfalle“). Im weiteren werden in die Frau Ideale und daran extreme Erwartungen gesetzt. Wie sie sich immer bemüht und überfordert, erreicht sie das Ideal nie. Sie lebt mit ewigem schlechtem Gewissen. Hier liegen Situationen vor, auf die die Frau am Ende depressiv reagiert.

Bei Frauen und noch häufiger bei Männern besteht die Tendenz, Depression zu verschleiern, zu lavieren und zu verdrängen. Möglichkeiten von lavierter Depression sind Alkoholismus und Drogenkonsum. Durch den Rausch vermag der depressive Mensch einen Gemütsschwung zu vollziehen. Da Alkohol enthemmt, werden gestaute Aggressionen entladen. Während Alkoholismus früher eher als männliches Phänomen galt, versuchen vermehrt Frauen, Depressivität durch Alkoholismus zu kompensieren. Als weitere sekundäre Folgen von Depression können extensiver Konsum, Eßsucht und Rauchen eintreten. Auch die somatische Krankheit kann in manchen Fällen als Versuch gewertet werden, der Depressivität zu entfliehen.

Bei verstärkter Depressivität bei fehlender Solidaritätserfahrung und kollektiver Unterstützung nehmen Resignation und Verzweiflung zu. Suizid ist die Endstation.

Eskapismus

Eskapismus ist die „Flucht“ vor der Wirklichkeit. Er ist der Weg des geringsten Widerstandes. Der Hang zur Flucht vor der Realität ist eine Form der Seinsbewältigung. Eskapismus tritt häufig als Stadium der depressiven Entwicklung auf. Er läßt sich als eine psychische Antwort auf die Unerträglichkeit der Depression interpretieren. Depression ist eine stille Krankheit. Die Betroffenen sind insgesamt passiv, aktionslos, wortkarg, im fortgeschrittenen Stadium regungslos. Sie leiden viel mehr unter diesem Zustand als die Menschen, mit denen sie leben, denen allerdings die qualvolle Lage der Betroffenen selten auffällt. Diese ihrerseits suchen die Flucht in *irgendeine* motorisch-vegetative Tätigkeit, die scheinbar die Depression verdrängt. Sie essen, trinken oder rauchen aus Langeweile. Nach dem scheinbaren Vergnügen an den Genußmitteln kommt es über kurz oder lang zur Abhängigkeit, zur Eßsucht oder Alkoholismus bis hin zum Drogenrausch mit zunehmender Tendenz. Bei diesen Fällen sucht der depressive Mensch die Flucht in den extensiven Konsum. Eine andere, getarnte Form des Eskapismus ist die Flucht in ein autogenes inneres System. Die Betroffenen koppeln sich vom äußeren System der Realität mit ihren ständigen Anforderungen und Verpflichtungen ab und fliehen in ein internes geschlossenes System. Eskapismus kann sich bis hin zu einer gesellschaftlichen Krankheit entwickeln, eine Tatsache, die im Westen nicht zur Kenntnis genommen wird. Hier bewegen sich die Menschen in einer imaginären Scheinwelt, in einer Pseudorealität. Der Eskapismus kommt am deutlichsten in den Vorstellungen über das Fremdbild versus Selbstbild zum Ausdruck. Europäer glauben z.B., anderen Menschen, den Nichteuropäern, voraus zu sein. Oder auch in der Usurpation der Weltzivilisation in dem Ausdruck „europäische Zivilisation“, während hingegen von anderen Kulturen mit Formulierungen wie „Völker ohne Geschichte“ gesprochen wird. Der Eurozentrismus ist pseudointellektueller Eskapismus mit vielen Facetten. Die äußerste Fluchtreaktion im Rahmen einer Depressionsanamnese ist der Selbstmord.

Suizid

Selbstmord ist die Spitze des depressiven Eisberges. Suizid wird oft als ein selbst zu verantwortender, eigener Fehler gesehen. Er wird nicht nur isoliert von den parallelen psychischen Belastungen, sondern in höchstem Maß individualisiert. Eine äußere Einwirkung auf das Individuum entlaste nicht den Betroffenen von der Verantwortung für seine Tat. In anderen Fällen wird der Suizid romantisiert: „in voller Schönheit sterben“ oder gar als „Freitod“ verherrlicht.
Die Motive für den Selbstmord sind vielfältig und stets an eine besondere Problematik gebunden. Gerade jedoch bei Selbstmord bleiben die gesellschaftlichen Verhältnisse dominant. Sie tragen die Verantwortung in doppelter Hinsicht. Sie schaffen eine systematische Demoralisierung und Entkräftung. Zum anderen stellen sie einen Zustand her, indem das Individuum mit seiner besonderen Lage keine Lösungs- oder gar Überlebensmöglichkeit findet. Seine Situation erscheint ihm als auswegslos. Der Tod tritt als Endlösung ein.

Selbstmord ist die mit Abstand tragischste Reaktion auf psychische Belastungen, ist jedoch keine einzigartige Antwort. Er hat sehr viele Gemeinsamkeiten mit anderen Reaktionsformen, namentlich „Sucht“, „Konsum“, „Fett- und Magersucht“ und Depression. Bei all diesen Phänomenen ist stets „Flucht“ der gemeinsame Nenner. Unter diesem Aspekt hat der Selbstmord Gemeinsamkeiten mit anderen Formen der Flucht, die nicht unmittelbar als psychische Störungen allgemein anerkannt sind, z.B. Zurückgezogenheit, Weltabgeschiedenheit oder den extensiven Konsum bis zur Sucht.

Zur Erklärung des Wesens der Depression

Selbstmord ist der extremste Ausdruck von Depression. Depression wird erklärt als gehemmte Aggression, die dann statt nach außen nunmehr nach innen kehrt. Depression sei Autoaggression. Suizid als Selbstzerstörung wird als Entladung der Aggression gegen sich selber gedeutet.

Depression kommt allerdings nicht nur als Leiden, sondern auch als Schutzreaktion vor. Anhaltende Depression ist sicher kein Ausdruck von psychischer Gesundheit. Dagegen können Phasen vorübergehender Depression konstruktiv umgewendet und der Selbstprüfung und -erkennung dienen. Der Mensch kehrt nach Innen um, befaßt sich mit sich selbst und nutzt eine depressive Phase zur Reflexion und als eine Chance zur Selbstveränderung.

Massendepression: Unbehandelt in der psychiatrischen Literatur bisher wurde das Phänomen der Massendepression. Eine nähere Betrachtung der vorstehend angeführten Ursachen von Depression läßt fast in jedem Punkt eine direkte Verbindung zu kapitalistischen Lebens- und Produktionsbedingungen erkennen. Der Kapitalismus zeichnet sich dadurch aus, daß er keine Werte und keine Moral kennt. Er vermag es deshalb nicht, Orientierungen zu vermitteln und reale Utopien zu propagieren. Seine Devisen sind Profitmaximierung, Kostenminimierung, Kapitalakkumulation, Marktexpansion und Machtausübung und Ausdehnung. Daher vergesellschaftet sich Kapitalismus mit Imperialismus. Die Folge ist eine gespaltene Welt, in der die imperialistische Gesellschaft andere ausbeutet und unterdrückt. Zwar wird der Lebensstandard über den Weltdurchschnitt gehoben, bringt jedoch mit sich den Egoismus der Überprivilegierten und

den Haß der Unterprivilegierten. Der Imperialismus vermag seine egoistische soziale Basis bis zu einem gewissen Grad materiell zu befriedigen, ihr bleiben jedoch die wahren Reichtümer der übrigen Welt, die mit Liebesverweigerung antwortet, verschlossen. Vielleicht ist hier eine der Ursachen für die Massendepression im Nordwest der Erdkugel zu suchen. Paradoxerweise ist hier der (materielle) Lebensstandard aber auch die Selbstmordrate im Weltmaßstab am höchsten.
Mit der Verschärfung der Widersprüche unter monopolistischen Bedingungen und der zunehmenden Verschlechterung der Lebens- und Arbeitsbedingungen breiter Teile der Bevölkerung steigten auch ihre spontane Weigerung und Wut gegen das herrschende System, das mit immer mehr Überwachung und Repression antwortet. Die unpolitische, orientierungslose, utopiearme und daher passive Bevölkerung empfindet die Übermacht des Staats als ihre eigene Ohnmacht. Sie reagiert unreflektiert mit Depression. Diese Reaktionsweise kann sich nur dann ändern, wenn die Menschen ihre Machtlosigkeit in bewußte Opposition und Aktion umsetzen, sich zum Widerstand zusammenschließen, kollektive Solidaritätserfahrungen machen und ihre latenten Kräfte entdecken und entfalten.

Therapie

Die beste Depressionstherapie ist die Selbsthilfe. Meidung des Individualismus und sozialen Isolationismus, dafür die Bildung tragfähiger Gemeinschaften, Wohnen, Arbeiten und Lernen in Gruppen, Beteiligung an sozialen Initiativen und die aktive Teilnahme an gesellschaftlichen Veränderungsprozessen. Solidaritätserfahrungen. Die Wiederentdeckung der Utopien, die bewußte Gestaltung des sozialen Lebens und die gesellschaftliche Orientierung und der historische Optimismus geben dem Leben Sinn und Perspektive. In kollektiven Widerstandsaktionen rehabilitiert sich der gedemütigte und unterdrückte Mensch, erlangt seine Würde und die Gewißheit von der eigenen Stärke wieder.

Konstruktive Umwendung von Depressionsanfälligkeit

Eine Depressionsphase kann der Reflexion, Selbstüberprüfung, Regeneration, Verhaltenskorrektur und Lebensneugestaltung dienen. Einem depressiven Erlebnis muß nicht gleich ein Krankheitswert zugeschrieben werden.

Therapieratschläge für Ratsuchende mit Depressionsbeschwerden

1. Das Leben bereichern um Zielsetzungen, die Betroffene motivieren, stimulieren und ihnen Kraft geben.
2. Produktiv tätig sein. Sinnvolle Arbeit ist Selbstverwirklichung und füllt das Leben mit Inhalt aus. Eigenprodukte sind eine Form von Selbstdarstellung.
3. Hobbys, die Spaß machen, z.B. Gartenarbeit, Pflanzen- und Tierzucht.
4. Fröhliche menschliche Kontakte. Cave: Fröhliche Menschen können depressive anstecken und umgekehrt. Deshalb lieber Kommunikation in Fröhlichkeit und in kleinen bis mittelgroßen Gruppen.
5. Orientierung haben. Sinn für das Leben suchen, entdecken und erkennen, z.B. sich kümmern um Hilfsbedürftige, Kranke, Einsame, Gefangene und sie freundschaftlich betreuen.
6. Den Tagesablauf schöpferisch gestalten, um kreative Aufgaben erweitern und mit Initiativen bereichern. Schöpferische Leistungen, Erneuerungen und Aufbauarbeit machen das Leben sinnvoll, interessant und lebenswert.
7. Kulturelle, literarische, künstlerische und ästhetische Handlungen aller Art sind jedem Menschen möglich. Ihr Wert für die Selbsterneuerung ist unschätzbar. Sie sind Eigenschöpfungen und stellen damit immer wieder neue Selbstschöpfung dar.
8. Sich für andere interessieren. Im Gegenzug interessieren sich andere für die Ratsuchenden.
9. Initiative ergreifen und Individualismus überwinden. Den sozialen Anschluß suchen und Kommunikationszusammenhänge aufbauen.
10. Sprechen und Diskutieren haben einen therapeutischen Effekt mit Breitspektrumwirkungen. Soziales Sprechen soll gelernt

werden, sonst kann es eine gegenteilige, unerwünschte Reaktion bei HörerInnen auslösen. Daher soll ebenso große Bereitschaft vorhanden sein, zuzuhören, auf die AnsprechpartnerInnen einzugehen und die Beiträge aufeinander zu beziehen. Das Interesse für die anderen ist der Garant für ihr rückwirkendes Interesse. Keine Monologe, sondern Dialoge, Triloge usw. Interessante Fragen ohne Fixierung auf private Aspekte des Lebens stellen, die Antworten aufgreifen und sensibel behandeln.

11. Körperberührung. Keine Scheu vor dem eigenen Körper. Beispiele: Von der Hand essen, sich massieren usw. (Eines der Motive für den Griff zur Zigarette dürfte darin liegen, Genußmittel körperlich zu berühren. Hierbei entsteht höchstens eine vorübergehende, trügerische Befriedigung mit anschließender Frustration und Sucht).
12. *Natürliche* Antidepressiva (z.B. Milch)

Die Neurosenlehre

Übersicht

I. 0. Worterklärung des Ausdrucks „Neurose“
 1. Neurosedefinitionen
 2. Erklärung des Phänomens, das als „Neurose“ bezeichnet wird
 3. Zum Begriff der „Neurose“
 4. Diagnose

II. 5. Alternative zum Neurosemodell: „die antagonistische Stimulation“
 6. Therapie

In der bürgerlichen Psychiatrie wird der Ausdruck „Neurose“ vielfach unspezifisch benutzt und bezeichnet dann Verhaltensreaktionen, die von „gestörter Anpassung“ bis zur „Verwahrlosung“ reichen.

I.

Der Neurosenbegriff bezeichnet eine gestörte Erlebnisreaktion. Die Ausdrücke „Neurose“ und „Psychose“ sind sichtlich analog der Begriffe für somatische Erkrankungen gebildet. Die Endung „-osis“, „-ose“ bedeutet „voll von“ (z.B. Lipomatose: voll vom Fett). Das Bildungsmuster der Vokabeln verrät die biologistische Denkweise der klassischen Psychiatrie. Sie führte die Neurose als eine psychische Erkrankung auf zentralnervöse Schäden zurück.

Definitionen

Der Ausdruck „Neurose“ wurde bereits in der klassischen Psychiatrie geprägt und wird heute noch gebraucht. Er wird allerdings von den verschiedenen Schulen unterschiedlich definiert, wobei die weltanschaulichen und wissenschaftstheoretischen Grundhaltungen in den Definitionen niederschlagen. Ende des 18. Jahrhunderts führte Cullen den Begriff Neurose ein. Die Wahl des Ausdruckes zeigt, daß man eine organische

Störung als Ursache der Erkrankung angenommen hat, wobei allgemein psychische Störungen als Erkrankung der Nerven begriffen wurden. Freud hat diese Auffassung überwunden. Er betrachtete die Neurose nicht mehr als Organerkrankung. Bei ihm handelt es sich vielmehr um eine tiefgreifende Störung, die den ganzen Menschen und sein Verhältnis zur Gemeinschaft, von der der Erkrankte sich abzusondern neigt, betrifft. J.H. Schulz erklärte manche Neuroseformen, darunter die Schicht- und Kernneurosen, als jeweils eine sinndeutende Äußerung, die einer psychologischen Betrachtungsweise zugänglich sind. Die psychoanalytischen Ansätze, die sich von Freud herleiten, sehen in der Störung ein Syndrom, das durch die Ausweitung eines ihr zugrundliegenden psychodynamischen Konflikts die gesamte Psyche erfaßt. G.A. von Harnack und H. Wallis definieren Neurose wie folgt: „Neurosen sind die Folge einer *gestörten Persönlichkeitsentwicklung* aufgrund unbewältigter, unbewußter Konflikte, die sich fast immer bis in die frühe Kindheit zurückverfolgen lassen. Inwieweit abnorme Charaktereigenschaften (psychopathische Züge) die Neurosenbildung begünstigen, ist im Einzelfall schwer zu entscheiden. Durch die gestörte Persönlichkeitsentwicklung werden bestimmte Eigenschaften an ihrer Entfaltung gehindert, andere gewinnen ein abnormes Übergewicht. Neurotische Persönlichkeiten sind im allgemeinen in Teilbereichen ihres Gefühls- und Trieblebens unreif (retardiert), in anderen entwickeln sie überkompensatorische Mechanismen. Ihre Fähigkeit zur Anpassung und Daseinsbewältigung ist daher begrenzt. Unter erhöhter Belastung dekompensieren sie und entwickeln neurotische Symptome. (…) Die Symptome, welche neurotische Kinder als Anzeichen ihrer Gestörtheit entwickeln, sind sehr stark *entwicklungsphasisch* geprägt.“[5]

Inzwischen haben sich in der Literatur die Neurose-Definitionen gehäuft. Von den einen wird die Neurose definiert als „antibionome Fehlreaktion des Gesamtorganismus“; „dem rationellen Wollen des Kranken unzugängliches Verhalten“. Von den anderen wird eine eher direkte Bestimmung wie „Störung der Erlebnisverarbeitung“ gegeben.

---

[5] G.-A. v. Harnack (Hsg.), Kinderheilkunde, Berlin Heidelberg - New York 1980, S. 367.

Erklärung des Phänomens, das als „Neurose“ bezeichnet wird

Pawlow versuchte die Neurose zu objektivieren. Tatsächlich gelang es ihm, am Hund Neurosen experimentell auszulösen. Durch Aufeinanderprall entgegengesetzter Reize kann eine Neurose produziert werden. Sie wird durch das Zusammentreffen von Erregung und Hemmung erzeugt. Nach einmaligem Zusammenstoß, Näherungs- und Abwehrreflex, entwickelt sich ein chronisch pathologischer Zustand der höheren Nerventätigkeit, der von langandauernder chronischer Funktionsstörung der vegetativen Organe namentlich des Magens und Pankreas, der Leber, des Darmes, des Herzens und der Gefäße begleitet ist. Diese Störungen der Tätigkeit innerer Organe, die man als „Desorganisation“ der höheren Nerventätigkeit bezeichnet, beziehen sich auf die vegetativen Folgen. Die neurologische Konsequenz dagegen stellt die Neurose dar.[6]
Im weiteren entsteht eine Neurose dadurch, daß das Nervensystem unerwartet schweren Reizen ausgesetzt wird. So können hohe Belastungen und extreme Streßsituationen auch beim Menschen Neurosen erzeugen.

Zum Neuroseausdruck

Wegen seiner Allgemeinheit ziehen wir vor, den Neurosebegriff durch solche Ausdrücke zu ersetzen, die die äußere Ursache – und nicht den inneren Vorgang – beschreiben, z.B. durch den Ausdruck „gestörte Stimulatima“. Die Zurückhaltung im Gebrauch des Neuroseausdrucks ist zum einen dadurch geboten, daß in der praktischen Psychiatrie die nervale Reaktion nicht objektivierbar ist. Zum anderen ist der Neuroseausdruck für Patient und Angehörige sehr belastend und mißverständlich. Werden doch in der Literatur Ausdrücke wie Neurose, Schwererziehbarkeit, Verwahrlosung u.a. nebeneinander gebraucht, um Verhaltensstörungen zu beschreiben. Ob man auf den Neuroseausdruck völlig verzichtet, ist sicher in absehbarer Zeit nicht zu erwarten. Hat der Neuroseausdruck doch

[6] Nach einem Vortrag von I.T. Kurzin, Pawlow-Institut für Physiologie an der Akademie der Wissenschaften der UdSSR. Das Referat wurde auf der Pawlow-Tagung in Leipzig am 15. und 16. Juni 1953 gehalten und ist abgedruckt in den Protokollen der Tagung: Pawlow-Tagung, VEB Verlag Volk und Gesundheit, Berlin 1953, S. 75.

eine lange Tradition und damit seine vielen Anhänger unter den PsychiaterInnen. Die Neurosenlehre ist zwar obsolet; gleichwohl ist sie von der etablierten Psychiatrie nicht wegzudenken.

Diagnose

Eine hirnorganische „Neurose" wird von einer sozial verursachten „Neurose" durch das *EEG* unterschieden. Zur Kausaltherapie muß die Ätiologie der Neurose mit dem Ziel ermittelt werden, die neurotische Entwicklung auf dem Hintergrund des Entwicklungsgeschehens zu erfassen.

II. Eine Alternative zum Neurosemodell

„Die antagonistische Stimulation"

Die Neurosenlehre schematisiert die Störungen der Persönlichkeit in Typen. Sie sucht nach Merkmalen, die sich im Sinne der Neurosentheoretiker zu einem Grundmuster vergesellschaften, ein Syndrom bilden und habituelle Formen annehmen. Bei Patienten versuchen die behandelnden Ärzte nach Merkmalszusammenhängen zu suchen, die zu einem Typenschema konstruiert werden. Der gesellschaftliche Hintergrund der „Neurose" geht ihnen dabei aus den Augen verloren.

Die Prägung des Begriffes „Neurose" folgt nicht nur formal, sondern auch inhaltlich den Vorstellungen der somatischen Medizin. Zwar existiert bereits eine umfangreiche Bibliothek einschlägiger Arbeiten über die Neurosenlehre. Als Konsequenz der vorstehend formulierten Mängel müssen wir dennoch die Frage nach der theoretischen Vertretbarkeit und praktischen Leistungsfähigkeit des Neurosenmodells stellen. Eine Neuordnung der Phänomene, die bislang mit dem Ausdruck „Neurosen" umschrieben werden, ist schon notwendig. Es besteht ein Handlungsbedarf, aus den Voraussetzungen des historischen Herangehens an das Psychische eine Alternative zu entwickeln. Ich habe dazu an anderer Stelle[7] eine neue Einteilung psychischer Störungen nach systematischen Gesichtspunkten vorgeschlagen. Demnach lassen sich

---

[7] Psychologische Grundlagen, in: Karam Khella, Theorie und Praxis der Sozialarbeit und Sozialpädagogik. Band 2, S. 236)

die Störungen des Psychischen nach systematischen Gesichtspunkten in vier Hauptgruppen einteilen:

I. Unterstimulation.
II. Überstimulation,
III. Ungeordnete, verworrene Stimulation,
IV. antagonistische (gegensätzliche) Stimulation.

Die „Neurosen“ sind weitgehend mit der vierten Kategorie identisch. Sie bezeichnen das Zusammenprallen antagonistischer Reize auf das Individuum. Reiz ist hier nicht nur eingeengt als biologischer Nervenreiz zu verstehen, sondern auch im weiteren Sinn als unvereinbare, ungelöste Gegensätze, die auf das Individuum dauernd einwirken, ohne aufgearbeitet werden zu können. Bekannt ist die Reaktion des Kindes auf widersprüchliches Erziehungsverhalten, ohne daß es in der Lage ist, den Gegensatz aufzuarbeiten, etwa bei Widersprüchen zwischen den beiden Eltern oder zwischen Familie und Außenwelt. Das Kind lernt z.B. in der Familie ein Verhalten, wofür es in der Schule oder in einem anderen Milieu bestraft wird. Solche Situationen sind alltäglich. Sie müssen nicht unbedingt die Form einer Dauerstörung haben. Sie können als einmalige Reaktionen oder vorübergehende Anfälle vorkommen, und sie können sich bei Wiederholungen verfestigen. Ein Kind, das eine Tätigkeit mit Begeisterung betreibt, kann frustriert werden, wenn es dabei gestört wird. Ist das Kind für ein Spiel hoch motiviert, so wird es enttäuscht, wenn sein Spielpartner nur gelangweilt mitmacht. Wiederholungen machen das Kind krank. In Extremform kann das Kind dabei völlig aus dem Gleichgewicht geraten, wozu man den Ausdruck „Neurose“ gebrauchte und die Situation verdunkelte. Es prallen beim Kind Stimulation und Disstimulierung, Motivation und Entmotivierung, Anregung und Hemmung aufeinander. Ähnlich verhält es sich, wenn Initiativen, die von großem Elan getragen sind, abgeblockt werden.

Bezeichnende Situationen, die in einen intrapsychischen Antagonismus („Neurose“) umschlagen können, seinen im folgenden angeführt:

- Widersprüchliches Erziehungsverhalten,
- Widerspruch zwischen moralischer Forderung und objektiver Realisierbarkeit (Beispiel Sexualität),
- Gegensatz zwischen Lebensrealität und ideologischer Suggestion, z.B. bürgerliche Lehrinhalte für das Arbeiterkind,

- Widerspruch zwischen materiellen Verpflichtungen und deren Einlösungsmöglichkeit,
- Unvereinbarkeit von Ehrgeiz und Realisierungsmöglichkeiten,
- jeder Konflikt, mit dem die/der Betroffene konfrontiert ist und der ihm als unlösbar erscheint,
- Unfähigkeit, sich in einer Alternativsituation zu entscheiden,
- Widerspruch zwischen persönlichen Bedürfnissen und Systeminteressen.

Für das Zustandekommen einer psychischen Störung durch antagonistische Stimulation (das Zustandekommen einer „neurotischen Reaktion“) ist nicht allein das Vorhandensein des Widerspruchs entscheidend. Vielmehr hängt die individuelle Reaktion von der theoretischen und praktischen Bewältigung des Gegensatzes, von der Problemlösungstechnik ab. Die gestörte Antwort auf den Konflikt (sog. „neurotische Reaktion“) erfolgt dadurch, daß der Betroffene sich in eine ausweglose Lage geraten sieht, in eine Situation, die er nicht lösen kann. Statt diese Lage theoretisch zu reflektieren und nach brauchbaren und machbaren Lösungen zu suchen, entwickelt er eine psychische Symptomatik, bei der der Widerspruch nach innen verlagert wird. Ein sozialer Konflikt transformiert sich in einen intrapsychischen Antagonismus.

Therapie

Man gerät in Neurose, wenn man zwischen zwei Gegensätzen, die einander ausschließen, nicht auswählen kann und so gezwungen wird, gleichzeitig und unkoordiniert widersprüchlich zu handeln. Die wichtigste Maßnahme zur Therapie der Neurose ist die Stärkung der Meinungsbildung, der Urteilsfähigkeit, des Willens und der Entschlußkraft. Auf diesem Hintergrund liegen die Aufgaben der Therapie auf der Hand: Die Hilfesuchenden dahin zu unterstützen, die objektiven Widersprüche zu verstehen und ihre Problemlösungsmöglichkeiten zu erweitern. Therapeutisch ist die Erkenntnis entscheidend, daß eine „Neurose“ ein erworbenes Fehlverhalten darstellt, das durch Veränderung der Bedingungen im sozialen Umfeld oder durch Einleitung eines neuen Lernprozesses beeinflußbar ist.

Es kann vorkommen, daß in den sozialen Beziehungen zu wenig Rücksicht auf die Bedürfnisse der Partnerin oder des Partners genommen wird. Dieser wird in seiner dominanten Motivation wiederholt abgeblockt. Die Folge ist, daß er/sie den Antagonismus, der gegen seine Motivation gerichtet ist, mit der Person identifiziert, die ihn ständig abblockt. In der Interaktion „etabliert“ sich eine gestörte Kommunikation. Bestimmte Reaktionen können so weit festgefahren sein, daß sie mit dem Partner kommen und mit seinem Weggang zurücktreten. In die Therapie muß daher die komplementäre Seite mit einbezogen sein. In einfachen Fällen ist ein komplexes Therapieprogramm nicht einmal nötig; es kommt lediglich auf das Erkennen der Ursache der gestörten Kommunikation an. Typisches Beispiel für die antagonistische Stimulation („Neurose“):

a) Das Kind, das für ein Spiel starke Motivation empfindet, dem jedoch die Freude am Spielen genommen wird.
b) Jemand, der von etwas berichtet, was ihn sehr bewegt, von seinem Gesprächspartner jedoch unernst genommen oder gar belächelt wird.
c) Ein vorerst nicht erreichbares Berufsziel.

In solchen Situationen genügt oft Aufklärung als Therapie. Eine objektive Änderung der Situation durch Einbeziehung der komplementären Seite, z.B. des Spielpartners des Kindes, kann die Beseitigung des Syndroms zur Folge haben.

Die „Neurose“ tritt stets in Situationen auf, in denen sich der Mensch gleichzeitig widersprüchlich verhalten muß. Menschen, die sich zwischen Alternativen nicht entscheiden können, geraten allzu leicht in neurotische Situationen. Therapeutisch kommt es deshalb auf die langfristige pädagogische Stärkung der Entscheidungsfähigkeit an. Durch Erziehung der bewußten Entschlußkraft soll der Mensch es lernen, zwischen Handlungsalternativen zu wählen.

Woher kommen die Psychopathologien?

Die Beziehung von Makro- und Mikrosystem

Zur Historisierung der Psychopathologie

Ein gegebenes Gesellschaftssystem bezeichnen wir als Makrosystem. Auf der einen Seite steht das Individuum, das wir das Mikrosystem nennen. Wir erlauben uns das Nachspielen einer Denkaufgabe. Gibt es Parallelen zwischen dem Makro- und dem Mikrosystem? Ich komme zum Ergebnis, daß das Mikrosystem nichts anderes ist, als die Widerspiegelung des Makrosystems. In diesem Zusammenhang reflektieren wir dazu besonders den Bereich Gesundheit und Krankheit. Einige Beispiele:

Sucht

Ein ganz großes Spektrum im Bereich Gesundheit und Pathologie nimmt das Drogenproblem ein. Drogen sind nicht nur eine Materie, sie müssen nicht immer nur materieller Art sein, sie müssen nicht nur konsumiert werden per Stoffwechsel. Es gibt auch Drogen, die nicht käuflich sind. Die Formen von Sucht haben also keine Grenzen. Alkoholismus und Narkotika sind eine Erscheinungsart, aber auch die Psychotherapie ist für viele zur Droge geworden. Das Phänomen „Sucht" ist nahezu allgemein geworden. Es gibt zum Beispiel die Sucht, auf ständige Zufuhr von Reizen angewiesen zu sein. Die Sucht als allgemeines Merkmal hat es in *der* Ausprägung bislang noch nie gegeben. Als Spitze des Eisberges, und gleichzeitige Tragödie ist es, wenn sich Menschen in eine Therapie begeben, um von einer spezifischen Sucht befreit zu werden, dann aber von der Therapie abhängig werden. Dieses Problem – gekennzeichnet als Mikrosystem – setzen wir zunächst gedanklich einen Augenblick zurück.

Jetzt betrachten wir das Makrosystem. Wir leben in einer Gesellschaft, die sehr nach Geschäftstüchtigkeit orientiert ist. Kapital und Profit akkumulieren. Es existiert die Sucht nach Gewinnen. Es gibt keinen Wirtschaftszweig, der nicht danach strebt. Er ist dem eigenen Zwang unterworfen. Das Makrosystem ist profitsüchtig. Der Dauerbetrieb und die Jagt nach Gewinn gehen unaufhaltsam weiter, ohne danach zu fragen, ob sie nützlich und sinnvoll seien und ohne Rücksicht darauf, welchen Schaden und womöglich mörderische Folgen sie haben können.

Das kapitalistische Unternehmen ist durch seine Profitsucht, ein unaufhaltsames Streben nach Kapitalakkumulation charakterisiert. Kapitalakkumulation und Profitmaximierung verlieren ihren Sinn für den individuellen Kapitalisten, wenn Kapital und Profit Beiträge erreichen, die für den einzelnen Menschen nicht mehr realisierbar sind. Wenn der individuelle Bedarf gedeckt ist, dann überschüssiger Profit nicht mehr konsumiert werden. Aus das Bestreben nach Luxus und Vergnügen stößt an Grenzen, zum Beispiel Begrenztheit der Zeit, Gesundheit und Leistung. Das Kapital akkumuliert, ohne daß es für den Kapitalisten praktischen Wert hat. Trotzdem jagt er weiter nach mehr Profit. Ab einem gewissen Moment des Konsums, spätestens da, wo er an seine Grenzen stößt, hat das Geld für ihn keinen Sinn mehr. Trotzdem geht der Profitbetrieb weiter. Wenn wir und zum Beispiel die Bilanzen von Ferro-Stahl anschauen, sehen wir so große Zahlen, die kein Mensch, wenn er auch noch so verschwenderisch lebt, für sich als „Gewinne“ realisieren kann. Ferro-Stahl akkumuliert weiter, obwohl es irrational ist. Andere Unternehmer sind nicht anders. Sie produzieren, obwohl es keinen Bedarf gibt. Sie können nicht damit aufhören und produzieren für Halden. Management und Marketing müssen sich Kopfzerbrechen über den Absatz machen. Werbeagenturen verführen die Verbraucher zu mehr und überflüssigem Konsum. Man kann also von einem Suchtverhalten – Sucht nach Profit und Akkumulation – sprechen. Es wird produziert, ohne daß die Produktion menschlichen Bedürfnissen entspricht. Die Jagd nach Gewinn geht weiter, ohne daß der Profit eine realisierbare Bedeutung für den einzelnen Kapitalisten hat. Das muß offensichtlich eine Sucht sein; ein Beispiel von Sucht in diesem Makrosystem. Dies gilt auch für die Sucht nach Militarisierung. Damit zeigt sich eine Pathologie der kapitalistischen Gesellschaft.

Dieses Suchtverhalten ist auch außerhalb des geschäftlichen Lebens zum Merkmal des Menschen im Imperialismus geworden. Zwar nicht aus ökonomischer Eigendynamik, wie beim kapitalistischen Unternehmer, sondern aus anderen Motiven. Aus Frustration und Unzufriedenheit entwickelt der Mensch ein irrationales Konsumverhalten, dessen auffälligste und dramatischste Form die „Sucht" ist. Der Konsum des Menschen stößt an Grenzen, die durch die Sucht überschritten werden. Es stellt sich ein *circulus vitiosus* ein. Immer mehr Konsum, um den bisherigen Genuß erleben zu wollen. Es bahnt sich eine Pathologie an, die nicht zufällig eine Analogie zwischen System- und individuellem Verhalten zeigt. Formen dieser Sucht sind sehr vielfältig verbreitet: Alkoholismus, Drogen, Medikamentensucht. Viele Formen der Sucht sind latent und erscheinen den Betroffenen nicht als solche. Im alltäglichen Konsum kann oft Suchtverhalten schleichend eintreten. Festgefahrene Abhängigkeiten zeigen sich am regelmäßigen Konsum bestimmter Waren. Es sind Speisen, Getränke, Kosmetika oder Verhalten wie Auto fahren. Neben Trinksucht, Eßsucht und Nikotinsucht gibt es die Sucht nach verschiedensten Dingen und Praktiken wie Spielsucht, Sammelsucht, Handlungszwänge. In praktisch allen Lebensbereichen kann eine Handlung in eine Sucht übergehen. So verwandelt die imperialistische Gesellschaft selbst zwischenmenschliche Beziehungen in Abhängigkeit der einen von der anderen Person. Die Partnerschaft verkümmert zur Anhaftung und zur Abhängigkeit des einen Menschen von einem Anderen. Es entsteht ein Verhältnis, in dem es keine Freiheit gibt.

Es gibt ferner die Form der Psychosucht. Hier ist der Mensch von rein psychischer Handlung abhängig gemacht. Diese Möglichkeit wird von esoterischen Gruppen, Kirchen, Sekten (z.B. Scientology) oder auch Psychoanalytikern und -therapeuten ausgenutzt. Es ist paradox und doch logisch, daß die Psychotherapie, insbesondere die Psychoanalyse für sehr viele Menschen zur Droge geworden ist und manche/r TherapeutIn sich dabei eine „goldene Nase" verdient. Der Kreis schließt sich im Angesicht der Beziehung von Makro- und Mikrosystem.

Es stellt sich die Frage, warum zahlreiche Menschen im Imperialismus zur Droge, zum Beispiel Alkohol, immer wieder greifen müssen und auch nach vielen Therapien rückfällig werden. Offensichtlich erleben sie einen Alltag, den sie nicht durchzustehen vermögen.

Ihre Realität wollen sie nicht wahrhaben. Sie befinden sich in einem permanenten Zustand der Flucht: Flucht vor der Wirklichkeit, vor der Arbeit, vor sich selbst, vor ihrem Privatleben, vor der Vergangenheit, vor der Zukunft, vor der Gegenwart. Sie vermissen etwas, was sie nicht finden können. Deshalb versinken sie in den Rausch und wollen nicht wieder erwachen.
Drogen aller Art zeigen weiterhin den Verlust menschlicher Substanz. Die abhängigen Menschen haben ein pervertiertes Genußempfinden. Die Droge verdirbt jedoch nicht nur den Genuß, sondern auch den Lebenssinn. Sie zerstört zwischenmenschliche Beziehungen und intakte soziale Strukturen. Normale Kommunikation findet nicht mehr statt. Ein Lebensinhalt ist immer weniger erkennbar. Sucht ist also nicht nur eine pathologische Form des Stoffwechsels. Vielmehr ist sie symptomatisch dafür, daß der Imperialismus normales Leben unmöglich macht. Ein menschenfeindliches System entfaltet seine Eigendynamik. Eine destruktive Struktur überträgt ihr Zerstörungswerk auf die einzelnen Glieder der Gesellschaft.
Die soziale Isolation und insbesondere der Liebesentzug labilisieren den Menschen und machen ihn für jede psychische Störung und besonders für die Suchtformen hochgradig anfällig. Das emotionale Defizit und die Liebesweigerung, unter denen die vereinzelten Individuen leiden, treiben sie zur Flucht auf die Suche nach Zuständen, wo sie eine Ersatzrealität finden. Der Rauschzustand bietet die erwünschte Ausblendung der einen Welt und das Erleben einer anderen Scheinwelt. Der gleiche Mechanismus funktioniert bei der pathologischen Entgleisung von Trancezuständen. Auch Meditation, Autogenes Training und Konzentrationsübungen, sonst nützliche geistige Erfahrungen, können sich in gefährliche Suchtformen verwandeln. Der Betroffene kehrt in ein inneres System ein, das das äußere System des gesellschaftlichen Lebens verdrängt und ausschaltet.

Warum ist der Mensch suchtanfällig?

1. Der Imperialismus entspricht nicht den Bedürfnissen des Individuums. Er nimmt ihm alles und verspricht ihm nur Konsum. Psychisch und geistig verarmt stürzt der Mensch auf den extensiven Drogenkonsum, in der Hoffnung, seine seelischen Defizite zu kompensieren, zumindest zu verdrängen.
2. Individualisierung schafft beim Einzelnen einen ständigen psychischen Hunger, der durch den steigenden Konsum irgendeiner

Droge gestillt werden soll. Die Isolation wird nicht überwunden, sondern betäubt.

3. Herrschaft und Unterwerfung bringen mit sich Feindseligkeit und Haß. Der Mensch im Imperialismus sieht sich ungeliebt und flüchtet in den Rauschzustand.
4. Auf der Flucht vom äußeren System versinkt das Individuum in ein geschlossenes inneres System, von dem er nicht wieder wach werden will. Damit wird die unmittelbare Konfrontation mit der Realität ausgeschaltet und die Eigenbeteiligung verdrängt.

Je tiefer man über den Alltag im Imperialismus nachdenkt, desto deutlicher erkennt man, wie er in jeder Hinsicht und in jedem Punkt Abhängigkeiten schafft. Abhängigkeiten sind jedoch nur Sonderformen von Sucht. Der Imperialismus funktionalisiert die menschlichen Bedürfnisse, die nach Abhängigkeit schaffendem Konsum verlangen. Sucht im Imperialismus ist also nicht nur Abhängigkeit von Alkohol, Drogen oder Medikamenten. Diese Formen stellen nur die Spitze eines Eisberges dar. Im Imperialismus ist der Mensch die Beute von Abhängigkeiten. Er befindet sich im Dauerzustand von Betäubung, die ihn hörig, manipulierbar und lenkbar machen. Willfährig dient er Interessen, die nicht seine sind. Anstelle der Bedürfnisbefriedigung wird er auf der Jagd nach illusionärer Wunscherfüllung gehalten. Um ihn daran zu hindern, endlich zu erwachen, wird ihm täglich eine Scheinrealität suggeriert. Äußerst selten gelangen vereinzelt Individuen dazu, der eigentlichen Realität ins Auge zu sehen. Das erste Beispiel für die Parallelen von Makro- und Mikroimperialismus ist also das Suchtphänomen.

Sucht ist ein sehr auffälliges Beispiel für die Parallelen zwischen Makro- und Mikropathologie. Die Angleichung von Verhalten des großen und des kleinen Systems ist nicht zu übersehen. Beide Systeme geraten in eine Dynamik, die ihnen die Freiheit nimmt. Der Mensch ist nicht mehr Herr seiner selbst, sondern ist willenlos von einer inneren, unsichtbaren Macht versklavt, die ihn ruiniert und bis in die Selbstvernichtung treibt.

Zur Kausalität von Psychopathologien allgemein

Der Prozeß der Vermittlung von Pathologien zwischen System und Individuum ist ein komplexes Verfahren, das aus subtilen Mechanismen, Transmittern und langer Kausalkette besteht. Es liegt auf der Hand, daß die Ängste des Makrosystems auf das Mikrosystem übertragen werden und als individuelle Phobien in Erscheinung treten. Die Widersprüchlichkeit des großen Systems begründen die Neurosen des Einzelnen. Auf der anderen Seite erlangen die Merkmale des Makrosystems bei den einzelnen Mikrosystemen unterschiedliche Ausprägungen. Die Ursachen sind zu suchen in den folgenden Faktoren:

a) unterschiedliche Rollenzuweisung und arbeitsteilige Aufgaben;
b) Einfluß der jeweiligen Sozialisationsinstanzen auf den Einzelnen;
c) unterschiedlich ausgeprägte innere Stabilität und Widerstandsbereitschaft von Individuen;
d) die Lockerung der familiären Bindungen bei gleichzeitigem Mangel an tragfähigen Gemeinschaften wirkt sich unterschiedlich auf die Labilisierung der Persönlichkeit als Voraussetzung für die Psychopathogenese aus.

Diese Differenzen von Makro- und Mikrosystem lassen auf eine Chance hoffen, das Makrosystem von unten zu verändern. Das Kräfteverhältnis soll allerdings realistisch eingeschätzt werden. In den imperialistischen Staaten verzichten die Individuen zunehmend auf die Aktion gegen das Makrosystem und lassen ihm damit die Möglichkeit, seine Merkmale noch gründlicher auf die einzelnen zu übertragen. Es kommt zur epidemiologischen Verbreitung von Psychopathologien in der imperialistischen Gesellschaft. Es leuchtet ohne weiteres ein, daß ein aggressives Makrosystem auf die Aggressionsbereitschaft seiner einzelnen Bürger angewiesen ist und daher bestrebt sein muß, diese zu vermitteln.

Der Vermittlungsprozeß von Eigenschaften des Makrosystems und deren Auswirkungen als Pathologien der Individuen kann am Beispiel der Sucht eindrucksvoll demonstriert werden:
Während jede Ware über einen Tauschwert (für den Verkäufer) und einen Gebrauchswert (für den Käufer) verfügt, hat die Droge einen *doppelten* Gebrauchswert. Auch der Verkäufer interessiert sich für den Gebrauchswert der Droge und nicht nur für ihren Tauschwert. Dem abhängigen Menschen verlangt es immer wieder nach derselben Ware. Der süchtige Konsum bringt den Lieferanten den erträumten Boom. Doch denkt der imperialistische Staat nicht nur an Profit und Akkumulation. Er interessiert sich nicht nur für den Preis der

Ware, sondern auch für ihre Wirkung bei den Konsumenten. Es ist sein Interesse, daß sie in den Betäubungszustand versetzt und dadurch politisch handlungsunfähig gemacht werden. Drogen sind Widerstandsbekämpfungsmittel.

Die Kultur des Imperialismus und die Pathologie des Individuums

Der Imperialismus spiegelt sich in den Bürgern, die ihn tragen. Diese Wechselbeziehung führt dazu, daß das Individuum im imperialistischen Staat immer mehr die Merkmale des gesamten imperialistischen Systems widerspiegelt. Es kommt zu einer großen Parallelität zwischen dem Makroimperialismus als einem Individuum in der imperialistischen Gesellschaft. Diese Beziehung, Ähnlichkeit und Wechselwirkung von Makro- und Mikroimperialismus ist viel gravierender als man sich auf den ersten Blick vorstellen kann. Je früher wir Verhalten von Individuen einerseits und der herrschenden Ordnung andererseits analysieren und vergleichen, stellen wir Parallelen immer mehr und immer deutlicher fest. Die Interaktion von Makro- und Mikrosystem läßt sich als ein dynamischer Zustand vorstellen, dessen Bewegung lange Wellen beschreibt. Ein System, das durch Aggression und Abschreckung funktioniert, erzeugt den ihm gemäßen Sozialisationstyp. Diese Tatsache vermittelt uns eine plausible Erklärung für die epidemiale Verbreitung von Psychopathologien und Verhaltensstörungen in der imperialistischen Gesellschaft. Die Verflechtung von Mikro- und Makrosystem greift auch in die psychische Struktur des Individuums ein.

Soziale Isolation

Die entscheidende Instanz zur Vermittlung von Psychopathologien ist die Isolation. Der Imperialismus hat die soziale Isolation zum gesellschaftlichen Standard erhoben. Jede Psychopathologie stellt eine spezifische Folge von Isolation dar. Der Imperialismus zerstört die Kommunikationszusammenhänge in jedem Lebensaspekt. Isolation im Wohnbereich und im Beruf, am Arbeitsplatz und in der Freizeit. Jede Psychopathologie hat ihre eigenen Wurzeln in einer Isolationskultur.

Verunsicherung

Verunsicherung läßt sich als ätiologischer Grund aller Psychopathologien auffassen. Die Verunsicherung des Individuums ist jedoch weder endogen noch genetisch bedingt. Sie entsteht als Reaktion auf eine Politik der Verunsicherung: „Wir (das System) beobachten jeden an jedem Ort.“ „Jeder ist kontrollierbar.“ „Jeder ist erreichbar.“ „Es hat keinen Zweck, Widerstand zu leisten.“ Als Folge fühlen sich alle unsicher und werden weiter verunsichert.

Ein System, das ich seiner Unbeliebtheit bewußt ist, kompensiert seine Nichtakzeptanz durch Psychoterror. Ablehnung und Haß sollen nicht Gegenwehr und politische Veränderung erzeugen, sondern Angst, Unterwerfung, Tatenlosigkeit und erzwungene Staatstreue. Keine Loyalität aus innerem Bedürfnis und Eigeninteresse, sondern aus Angst und Opportunismus. Das Individuum im Imperialismus ist notwendig nicht nur verunsichert, sondern an sich schizophren.

Weitere Psychopathologien

Realitätsverlust

Die Psychopathologie, die als „Realitätsverlust“ bezeichnet wird, hat in letzter Zeit beträchtlich zugenommen. Sie erklärt sich daher, daß der Imperialismus täglich eine Pseudorealität suggeriert, die der eigentlichen widerspricht und sie verdrängt. In diese Spannung gerät das Individuum. Der Mensch macht täglich Erfahrungen, die im Gegensatz zur Scheinrealität stehen und deshalb nicht öffentlich gedeckt sind. Je stärker sich der Mensch gegen den Anpassungsdruck wehrt, um so härter ist er betroffen. Eine individuelle Reaktionsmöglichkeit besteht darin, sich vom äußeren System abzukapseln und in ein inneres einzukehren. Beim Realitätsverlust ist der Zusammenhang zwischen der Kultur des Imperialismus und der Pathologie des Individuums sehr auffällig.

Die pathogene Überforderung

Der Imperialismus suggeriert den Menschen im eigenen Machtbereich, daß sie Herrenmenschen seien. Die Individuen sehen sich gern in dieser Pose und geraten so in eine hochgradig pathologische Lage: Sie versetzen sich in einen Status der permanenten Überforderung. Die Menschen sollen Leistungen erbringen, die sie nicht oder nicht ohne Selbstaufgabe erbringen können. Damit geraten sie in eine ständige Frustrationserfahrung, in einen Zustand von Dauerversagen. Das Auseinanderklaffen des Ziels, das ihnen gesetzt wird, und ihrer realen Möglichkeiten, versetzt sie in Resignation und Depression.

Phobien

Phobien sind Ängste. Angst an sich ist eigentlich eine gesunde Reaktion, eine Überlebensreaktion. Phobien sind aber Ängste vor irrealen Quellen. Man sieht die Gefahr da, wo sie nicht ist, oder man sieht die Gefahr viel größer, als sie in Wirklichkeit ist. Phobien sind vielleicht sogar weiterverbreitet als Sucht, aber sie sind latent: man sieht sie nicht unmittelbar. Gleichwohl existieren sie. Aus meiner eigenen Sprechstunde weiß ich, daß es Studenten und Studentinnen gibt, die nicht in die Vorlesung kommen können, weil sie sich nicht trauen, in den Bus zu steigen. Jede/jeder von uns kennt Phobien aus der Praxis. Phobien können letztlich sogar tödlich enden. An diesem Punkt wollen wir den Bezug zum Makrosystem herstellen.

Bezogen auf das Makrosystem stellt sich die Frage, ob unser Gesellschaftssystem eine Phobie hat, oder ob es angstfrei ist. Genauer: Hat ein politisches System, das weiß, daß es nicht den Bedürfnissen der Menschheit entspricht, bzw. deren Bedürfnisse nicht einlöst, und gleichzeitig weiß, daß ohne Gewalt diese unbefriedigten Menschen nicht regiert werden können, hat ein solches System nicht unweigerlich Angst? Die Antwort erübrigt sich im Kontext der folgenden Ausführung: die Angst des Systems wird transportiert auf die Einzelnen. Die Einzelnen sollen Angst haben vor dem System, obwohl es real umgekehrt ist.

Eine Phobie ist eine Angstform, die keine realistische Grundlage hat. Angst ist natürlich berechtigt, weil wir ständig bedroht sind. Deshalb ist Angst eine natürliche Antwort des Menschen auf bedrohliche Situationen und Gefahren. Die Phobien hingegen sind Ängste, die nicht real begründet sind. Diese Phobien des Individuums widerspiegeln ein Verhalten des Systems. Der Imperialismus weiß, daß er eine Politik darstellt, die den Interessen und Bedürfnissen der Menschen

widerspricht. In dem Wissen, daß die Mehrheit gegen ihn ist, muß der Imperialismus in ständiger Angst um seine Herrschaft leben. Er weiß sich bedroht und muß jederzeit damit rechnen, angegriffen zu werden. Eine permanente Angst von der sich der Imperialismus nicht erholen kann, weshalb er auch Angst verbreitet, damit die Menschen aus Angst nicht gegen ihn handeln. Angsterzeugung ist eine Grundeigenschaft des Imperialismus. Er lebt davon, Angst zu schüren, um herrschen zu können: „Es hat keinen Zweck, Widerstand zu leisten." Auf der anderen Seite ist die Überwindung der Angstschwelle die Voraussetzung dafür, daß der Widerstand gegen den Imperialismus mit der Perspektive des Sieges aufgenommen und ausgefochten werden kann. Die Intifada ist allen Menschen mit gutem Beispiel vorangegangen. Im imperialistischen Lager haben die meisten Menschen diese Schwelle der Angst noch nicht überwunden. Sie werden durch die Angst, die sie haben, regiert. Sie werden nicht durch die Praktizierung von Strafen und Folter regiert, sondern durch die Angst davor; durch die Furcht vor einer möglichen Bestrafung. Sie üben deshalb keinen Ungehorsam aus, sondern unterwerfen sich freiwillig, verleugnen ihre eigentlichen Interessen und verdrängen ihre eigenen Bedürfnisse. Deshalb funktioniert der Imperialismus. Aber auch dann werden die Menschen von ihren Phobien nicht befreit. Sie gehorchen und leben trotzdem in ständiger Angst. Diese Phobien lassen sich letztlich nur aus dem Imperialismus ableiten, der ohne die Angsterzeugung nicht regieren und bestehen kann.
Die Warenbeziehung beherrscht das Verhältnis der Individuen zueinander. Nicht Liebe, sondern Kontrolle, nicht Solidarität, sondern Konkurrenz und Rivalität dominieren über das Sozialverhalten. Das Verwertungsprinzip überträgt sich auf die zwischenmenschlichen Beziehungen, die selbst Warencharakter annehmen. Der Mensch muß ganz allein seinen Weg antreten. Deshalb ist Angst nicht nur zum Persönlichkeitsmerkmal unter dem Imperialismus geworden, vielmehr ist jede Beziehung unter den Menschen durch Angst, d.h. Mißtrauen, geprägt.

Depression

Depressionen sind ein typisches Phänomen in der imperialistischen Gesellschaft. In Deutschland leiden über 90 % der Bevölkerung unter einer Erscheinung des depressiven Formenkreises. Der Imperialismus ist ein depressives und depressogenes System in äußerster

Ausprägung. Von der eigenen Aussichtslosigkeit voll ergriffen, vermag er, weder Orientierung noch Hoffnung auszustrahlen. Allerdings sind die Massenpsychologen des Systems darauf spezialisiert, Illusionen zu vermitteln und zu verbreiten. Diese jedoch greifen viel zu kurz. Auf eine illusionäre Phase folgt eine der Desillusionierung und Enttäuschung. Das Scheitern im Alltag und das Nichtgelingen von Plänen führen zu Frustrationen. Da eine positive Veränderung für die Einzelnen die Umwälzung der gesellschaftlichen Strukturen voraussetzt und das herrschende System genau das verhindern will, greift es zu suggestiven Mitteln. Es verspricht neue Chancen und läßt die Menschen wieder hoffen. Diese Versprechungen werden nicht eingelöst und verursachen erneute Enttäuschungen. So verstärkt sich der Teufelskreis. Der Mensch pendelt zwischen Illusion und Resignation. Ein depressiver *circulus vitiosus* stellt sich ein. Nach einer Phase der Erholung setzt beim Menschen wieder ein die Illusion von schnellem Aufstieg, großem Reichtum oder einfach der Bedürfnisbefriedigung und dem ersehnten Lustgewinn: „manische Phase". Sehr bald muß er jedoch die Erfahrung machen, daß je mehr er sich in Richtung Ziel bewegt, desto größer ist die Entfernung. Die „depressive Phase" ist wieder da.

Depressionen sind ein Breitspektrum, das mit Frustration beginnt und mit dem Selbstmord enden kann. Die selbsttödliche äußerste Verzweiflung ist also nur die Spitze des Eisberges. Der autoletale Exitus ist die endgültige, nicht weiter eskalierbare Maßnahme, die das System an seinen Opfern unternimmt.

Das System selbst hat ungewollt die Tendenz, Selbstmord zu begehen: ökologisch, militärisch, atomar und nicht zuletzt menschlich. Der Imperialismus vernichtet seine menschliche Basis und damit sich selbst. Die Eigendynamik von Zerstörung und Selbstzerstörung führt dazu, daß sich die Aggressivität des Einzelnen im Endstadium gegen sich selbst richtet. Das autoaggressive Verhalten des Individuums wirkt auf den Imperialismus ambivalent zurück. Das antiimperialistische Widerstandspotential wird abgebaut. Auf der anderen Seite fehlen dem Imperialismus die Fußsoldaten. Das erklärt die Politik des Imperialismus, immer mehr zur elektronischen, zur ferngesteuerten und unbemannten Kriegsführung zu greifen. Diese jedoch kann ein Schuß nach hinten werden. Elektronen und Todesstrahlen sind Waffensysteme, die keine Loyalität kennen. Sie lassen sich umkehren. Das haben die Befreiungsbewegungen gelernt. Sie drehen den Spieß um.

Aggression

Deutschland tritt weltweit mit einem großen Machtanspruch auf. Um diese Rolle spielen zu können, rüstet sich der Staat aus. Die Bewaffnung und Militarisierung wird nicht isoliert in technisch logistischer Hinsicht geleistet. Auch das Individuum wird bewaffnet und ausgerüstet. Die sozialen Beziehungen insgesamt werden brutalisiert. Militaristisches Denken und Handeln wird den Menschen dieses Staates eingeprägt. Es ist unmöglich, daß irgendein System eine politische Rolle im Außen oder im Inneren spielt, ohne daß das von seinen Bürgern und Bürgerinnen getragen wird, als könne ein Staat Kriege führen, ohne daß beim Volk eine Kriegsmentalität bestünde. In den 1960er Jahren erzählte mir jemand, der sein Bein bei der deutschen Belagerung von Stalingrad verloren hat, er habe sein Bein für das Vaterland geopfert, für die Rettung der Heimat. So eine Mentalität muß in der Tat eingeprägt werden. Besteht diese Mentalität und die dazugehörige psychische Struktur, so ist auch der Krieg führbar. Der Mensch ist soweit bereit für etwas zu sterben, was nicht seins ist, womit er sich jedoch innerlich identifiziert. Offensichtlich kann das Makrosystem seine Absichten soweit vermitteln, daß sie vom einzelnen verinnerlicht werden und dabei in den Tod gehen. Wie unter Hypnose handeln Menschenmassen nach Befehl und wirken dabei nicht nur destruktiv, sondern auch autodestruktiv.

Seit Anfang der 1990er Jahre, als die extremen Übergriffe auf Migrantinnen und Migranten in Deutschland stattfanden, gab es eine Menge Diskussionen in Bezug auf Rassismus. Heute sind die Menschen jedoch ausgereizt; was der zeit passiert, ist „normal“! Meiner Auffassung nach setzten die Jugendlichen, die in Solingen diese abscheulichen Taten vollzogen, im Prinzip das „im Kleinen“ um, was das Makrosystem „im Großen“ macht. Man kann nicht oft genug herausstellen und betonen, wie grundlegend die Beziehung von Makro- und Mikrosystem für das Verstehen des Sozialverhaltens des einzelnen ist.

Frustration und Depression verstärken die Aggressionsbereitschaft bei den Individuen. Das herrschende System braucht diese aggressive Einstellung seiner Untertanen für invasive und expansive Zwecke. Insgesamt ist der Imperialismus ein Gewaltverhältnis. Er kann ohne die Gewalt nicht bestehen. Er reproduziert sich aus Gewalt. Gewalt ist die Basis des Imperialismus und nicht sein Überbau, wie Lenin behauptet. Die Aggressionsbereitschaft und ständige Ausübung von Aggressionen widerspiegelt der einzelne Mensch. Er hätte auf den Imperialismus und seine Gewalt mit Widerstand antworten können und damit den entscheidenden Schritt zu seiner Emanzipation und zur Befreiung der Gesellschaft getan. Statt dessen verinnerlicht er die Brutalität des Systems und entwickelt seine eigene Gewalt. Als Arbeiter oder Bauer, selbst unterdrückt und ausgebeutet, reagiert das Mikrosystem nicht mit Widerstand gegen das Makrosystem, sondern es kanalisiert die Unterdrückung weiter nach unten. Untertanen identifizieren sich mit dem Imperialismus und lassen sich gegen fremde Völker mobilmachen. Im Land selbst entladen sie ihre Aggressionen gegen Migrantinnen und Migranten.

Programmierung der individuellen Angriffslust oder das „Lernziel Aggression"

Der Mensch im Imperialismus ist ein aggressives Wesen geworden. Diese Aggressionsbereitschaft, nicht die des Systems, sondern die des Individuums ist in den Rang einer akademischen Theorie erhoben worden. Die imperialistischen Wissenschaften vertreten allgemein eine aggressive Anthropologie. Das geht so weit, daß zum Beispiel Konrad Lorenz das aggressive Verhalten in den biologischen Strukturen verankert sieht und auf die Lebewesen und Organismen in ihrer Gesamtheit überträgt. Dafür hat er sogar den Nobelpreis bekommen. Sein Werk „Das sogenannte Böse" ist nicht zufällig ein Bestseller geworden. „Der Mensch ist dem Menschen ein Wolf" ist weniger eine Feststellung als vielmehr ein Erziehungsideal. Die Verhaltensforschung liefert nur noch den empirischen Beweis.

Das „Lernziel Aggression" wird in der Schule didaktisch geschickt aufbereitet. Im Geschichtsunterricht lernen die Schülerinnen und Schüler, daß Krieg ein ewiges, dauerhaftes Schicksal, eine menschliche Eigenschaft sei. Diese Unterstellung ist freilich eine Erfindung des Imperialismus, um die eigenen Kriege zu rechtfertigen und die Schüler als aggressive Persönlichkeiten zu erziehen. Ihnen wird suggeriert, daß sie ständig bedroht sind und deshalb präventiv angreifen müssen. Feindbilder werden in allen Fächern suggeriert. Vor allem wird ihnen vermittelt, daß er, weil er im Wohlstand lebt, von Armen bedroht ist. Aggressive Erziehung wird in der Freizeit, im Spiel und in der Unterhaltung vermittelt und erreicht ihren Höhepunkt in der militärischen Ausbildung, der sogenannten Wehrpflicht und in den praktizierten Manövern und Kriegen.

Aggressionen wirken sich in Form sowohl für einzelne als auch für die Gesellschaft am tragischsten aus. Sie hinterlassen bei den Betroffenen Ohnmachtsgefühle. Sie stehen gegenüber verbrecherischen Taten hilflos und entsetzt da. Im anderen Fall passen sie sich an: sie kanalisieren die Aggressionen gegen Schwächere. Dann ist die Gewalttätigkeit allgegenwärtig. Woher kommen die Aggressionen, die in ihrer Einzigartigkeit so noch nie dagewesen sind? Wir ersparen uns die Aufzählung von Beispielen, heben aber hervor, daß die Beziehungen zwischen dem Mikro- und dem Makrosystem hier am auffälligsten sind.

Schizophrenie

Der Imperialismus schafft eine gespaltene Realität. Schizophrenie ist eine wesentliche Eigenschaft des Imperialismus. In mehrfacher Hinsicht wächst das Individuum in eine schismatische Gesellschaft hinein: die Pseudorealität, die ihm von den Medien suggeriert wird, und die wahre Realität, in der er lebt. Der Mensch lebt in der Spannung zwischen Erfahrungen, die er objektiv macht, und Bildern, die ihm subjektiv eingeprägt werden. Diese Gespaltenheit von objektiver und subjektiver Wirklichkeit wird verstärkt durch den Widerspruch zwischen den persönlichen Bedürfnissen und den öffentlichen, d.h. imperialistischen Interessen. Der Staat und das ihn tragende System machen dem Individuum verheißungsvolle Versprechen, die nicht eingehalten werden. Hinzu kommen die kommerziellen Angebote, die werbepsychologisch innerste Bedürfnisse und verdrängte Träume ansprechen und in Gang setzen, deren Freuden jedoch nie eingelöst werden. Die Erwartung von Glück kippt in ein Erlebnis von Enttäuschung und bleibende Frustration um. Ein Reaktionsmöglichkeit besteht darin, die bittere Realität der erfahrenen Welt liegen zu lassen und der Phantasie freies Spiel zu lassen. Das Individuum lebt äußerlich in der Welt und innerlich in sich selbst. Zuweilen gelingt ist ihm, durch seine persönliche Doppelrealität in eine Gleichgewichtslage einzupendeln. Mit der Widersprüchlichkeit des Seins konfrontiert, reagiert der Mensch mit gespaltenem Bewußtsein. Da er sich in dem gegensätzlichen Sektoren der Gesellschaft zurecht finden muß, erfährt er die Zerrissenheit seines eigenen Lebens. Die öffentlichen

Widersprüche begründen seelische Disharmonie. Dem Individuum stellen sich täglich folgende Widersprüchlichkeiten:

1. Der Gegensatz von Anspruch und Wirklichkeit des herrschenden Systems;
2. der Gegensatz von Scheinrealität, die durch die politische Propaganda täglich vermittelt wird und der eigentlichen Realität, die der Mensch erfährt;
3. der Gegensatz von öffentlichen Interessen und persönlichen Bedürfnissen;
4. die großen Spaltungen, die der Imperialismus zwischen den Menschen erschafft.

Äußere Gegensätze schlagen in die innere Gespaltenheit des Einzelnen um. Gesellschaftliche Widersprüche spiegeln sich als individuelle Pathologien, als Schizophrenie des Einzelnen wider. Sie ist eine hilflose Variante von Überlebensstrategie.

Neurosen

Die gesellschaftlichen Bedingungen, die zur Schizophrenie führen, verursachen auch Neurosen. Die Schizophrenie stellt eine innerlich gespaltene Persönlichkeit mit doppelter Realität dar. Das Leiden ist chronisch und nach Innen gewandt. Die Neurose ist akut und zeigt sich nach Außen. In beiden Fällen handelt es sich um die individuelle Reaktion auf soziale Widersprüchlichkeiten.

Ätiologie der Neurose

Der Imperialismus schafft eine Pseudorealität. Die Menschen versuchen, dieser zu entsprechen und sich ihr anzupassen. Dadurch geraten sie in die Widersprüchlichkeit von System-Interessen und persönlichen Bedürfnissen: Die Gegensätzlichkeit spitzt sich bis zur Zerrissenheit des Individuums zu. Das ist der eigentliche Boden der Neurosen. Hinzu kommt eine ständige Überforderungssituation, da die Scheinrealität mehr von dem Menschen verlangt als was sie können und wollen.

Alle Neurosen rühren daher, daß der Mensch in eine Situation gerät, in der er *widersprüchlich* handeln muß, z.B. etwas annehmen zu müssen, was man eigentlich ablehnt, oder etwas verstoßen zu müssen, was man eigentlich liebt. Die letzte Bedingung des gegensätzlichen Verhaltens besteht darin, daß sich die Interessen des Makrosystems und die Bedürfnisse des Individuums einander ausschließen. Die Widersprüchlichkeit des gesellschaftlichen Seins kann durch Zwischeninstanzen, z.B. die Familie, vermittelt werden.

Psychopathologie als Epidemie

Offensichtlich hängen die Verbreitung und die Härte der Pathologien mit dem Wesen des Imperialismus zusammen. Die imperialistische Herrschaft überträgt ihre Eigenschaften auf ihre Untertanen. Der Imperialismus bringt nichts Konstruktives hervor. Seine Leistungen und Erzeugnisse sind ausschließlich destruktiv – und zwar auf allen Gebieten: Industrie, Versorgung, Erziehung, Kultur, Wissenschaft und Kunst. Militarismus ist nur die Spitze einer Struktur, die in ihrer Gesamtheit zerstörerisch ist. Somit erzeugt der Imperialismus seine spezifischen, kulturhistorisch bedingten Pathologien. Die gesellschaftliche Struktur widerspiegelt sich in der Persönlichkeitsstruktur: Der Makroimperialismus bildet sich als Mikroimperialismus ab. Das destruktive System erzeugt das destruktive und autodestruktive Verhalten des Individuums. Richtig ist auch der Umkehrschluß. Widerstand gegen den Imperialismus ist eine unabdingbare Voraussetzung für die Therapie des Einzelnen. Die grundsätzlich verankerte Psychopathologie ist bei den einen weniger, bei den anderen mehr ausgeprägt. Bei dem einen Teil latent, beim anderen manifest. Die einen sitzen drinnen, die anderen draußen. Die einen laufen als Patienten, die anderen als Ärzte und Psychotherapeuten.
Die Psychopathologie ist die Reaktionsweise des Individuums auf ein Herrschaftssystem, das von Unterdrückung, Ausbeutung und Ausplünderung lebt.
Psychosen, Neurosen, Hysterien und andere Massenpathologien haben im Imperialismus eine neue Qualität erlangt. Sie lassen sich aus den vereinzelten pathologischen Phänomenen vergangener Epochen nicht erklären. Ihre gegenwärtige, massenhafte Verbreitung kann nicht anders erklärt werden als spezifisch imperialismusabhängige Psychopathologie.

Psychiatrie und Psychotherapie

Die etablierten Therapien hüten sich davor, den realen Konflikt zwischen persönlichen Bedürfnissen und imperialistischen Interessen anzusprechen, geschweige denn aufzulösen. Wer in Konfrontation mit diesem System steht, wird vielmehr als krank definiert; er wird pathologisiert und psychiatrisiert. Die Therapie versteht sich als Anpassung, Reparatur und bestenfalls Reintegration in das etablierte System. Sie versteht sich nicht als Widerstand und kann daher nicht heilen, sondern höchstens Symptome beseitigen.

Die Krise des Menschen in der imperialistischen Gesellschaft

In seinem Machtbereich hat der Imperialismus einen Sozialisationstyp produziert, den wir bereits unter dem Aspekt der Psychopathologien behandelt haben. Damit ist jedoch die Krise des Menschen im Imperialismus lange nicht hinreichend analysiert worden. Die große Mehrheit der Menschen in den Zentren des Imperialismus akzeptiert ihn. Sie tun es aus eigener Überzeugung. Was nehmen sie dafür?
Es mag sein, daß der Imperialismus bei ihnen materielle Bedürfnisse befriedigt. Mag sein, daß sie weit über dem Weltdurchschnitt konsumieren können. Mag sein, daß sie auch einen relativ hohen Lebensstandard haben. Mag sein, daß sie sich in diesem Konsumverhalten wohlfühlen. Dennoch muß ihr Status kritisch betrachtet werden. Wir müssen hinter die Fassade dieser befriedeten Versorgung der Menschen blicken. Ich möchte davon absehen, daß vieles von dem, was man Wohlstand nennt, auf Pump geleistet wird, daß die Menschen bei ihren Banken, Lieferanten, Arbeitgebern oder Vermietern verschuldet sind und diese Schulden auch nicht getilgt werden können. Von dieser speziellen Frage möchte ich ebenso absehen, wie davon, daß die soziale Frage im imperialistischen Lager immer breitere Teile der Bevölkerung erfaßt und es gibt keinen Sozialpolitiker im Westen, der leugnet, daß es eine soziale Frage gibt und sie sich zuspitzt. Ich würde sogar sagen, daß es keinen einzigen Staat im Westen gibt, der die soziale Frage im Griff hat. Die Arbeitslosigkeit und Jugendarbeitslosigkeit nehmen kontinuierlich zu, die Sozialleistungen ab. Die soziale Sicherung wird dementiert. Die Wohnungs- und Obdachlosigkeit für immer

mehr Menschen nimmt zu. Es gibt darüber hinaus eine verdeckte Wohnungslosigkeit. Aber dennoch seien diese Formen des sozialen Elends und deren Verschärfung einen Augenblick zurückgestellt. Schauen wir uns den Menschen an, der seinen Wohlstand genießt. Was genießt dieser Mensch realistisch und konkret betrachtet? Es sind eine Menge Waren für den rein physischen Konsum. Aber über dieses Konsumieren hinaus besteht dieser Mensch menschlich nicht mehr. Zwischen den materiellen Interessen, die er befriedigt und den persönlichen Bedürfnissen, die er nicht befriedet und nicht befriedigen kann, besteht ein großes Loch. Dieses Loch bildet das Wesen der Krise des Menschen in der imperialistischen Gesellschaft. Es liegt in der Natur der Sache, daß die Bedürfnisse nie unter der Herrschaft des Imperialismus befriedigt werden können. Denn es handelt sich um Bedürfnisse nach Liebe, nach Zugehörigkeit und Akzeptanz bei der großen Menschheit. Dieser Mensch wäre allenfalls glücklich darüber, einen Freund, eine Partnerin zu haben oder eine Ehe einzugehen. Das wäre dann die Liebe, die er erfährt, nicht aber das Wohlbefinden und die Akzeptanz in der regionalen und globalen Gesamtheit der Gesellschaft. Einiges konnte ihm das imperialistische System zur Verfügung stellen: er hat die Wohnung, in der er isoliert oder nur in formalen, armseligen Bedingungen lebt. Er hat den Konsum; vielleicht hat er Pflege oder nicht. Das wäre es im Privaten. Öffentlich besteht Infrastruktur in Hülle und Fülle, die wiederum seine Gesundheit zerstört. Dann aber kommt die Fähigkeit des Systems, menschliche Bedürfnisse zu befriedigen, an ein Ende, das es nicht zu überschreiten vermag. Ja noch mehr, der Preis für diesen Konsum ist nicht weniger als der Abbau menschlicher Substanz. Die Menschen sind in jeder Hinsicht krank, körperlich, geistig, sozial. Die Psychopathologie der Menschen im imperialistischen Lager wird selten in ihrem realen Umfang zur Kenntnis genommen. Ein kausaler Zusammenhang zwischen der Kultur des Imperialismus und der Pathologie des Individuums wird in der Literatur kaum herausgestellt. Die Krise des Menschen läßt sich jedoch nur auf diesem Boden begreifen. Die Imperialismusanalyse konzentrierte sich bisher auf die ökonomische Seite. Die rein menschlichen Fragen, die persönlichen Verhältnisse und die Pathologien spielten, wenn überhaupt, nur eine untergeordnete Rolle. Die hohen prozentualen Anteile von depressiven Menschen, mit über neunzig Prozent der bundesdeutschen Bevölkerung, die Schizophrenie, die Folgen der sozialen Isolation und der „Realitätsverlust“ sind drückende Beispiele für die Psychopathologien, die der Imperialismus erzeugt. Wir sprechen nur von Alltagspathologien mit epidemischer Verbreitung und nicht von selteneren, weit schwereren Fällen. Der „Realitätsverlust“ z.B. hat quantitativ und qualitativ zugenommen. Das Syndrom stellt sich als die Einkapselung der betroffenen Menschen in ein inneres System, womit der Verlust des Verhältnisses zur Wirklichkeit und der Beziehung zur äußeren, außerhalb des Individuums liegenden Gesellschaft einhergeht.

Das sind bezeichnende Pathologien des Menschen in der imperialistischen Gesellschaft, deren Kausalität und Ätiologie auf den Imperialismus zurückgeht.

Da dieser Mensch sich mit dem Imperialismus identifiziert, ihn toleriert, oder mit ihm kollaboriert, sich für ihn sogar militärisch einsetzen läßt, kann dieser Mensch auf die Liebe der überwältigenden Mehrheit der Menschheit, die vom Imperialismus immer wieder heimgesucht wird, nicht spekulieren. Im Gegenteil, er handelt sich den Haß seiner Mitmenschen auf dem Globus ein. Deshalb wird der Mensch im Imperialismus nie das Erlebnis vom Glück machen, da dieser Zustand nur durch eine gesamtmenschliche Erfahrung vermittelt werden kann.

Das Individuum im Imperialismus ist ein Mensch, der „hat“; er ist kein Mensch, der „ist“.

Der Imperialismus produziert den kranken Menschen, der ihn reproduziert. Zum Sozialisationstyp des Menschen in der imperialistischen Gesellschaft gehören die folgenden Merkmale:

a) Verlust der sozialen Sensibilität,
b) Verlust des Bewußtseins von der Zusammengehörigkeit der Menschheit und des Anspruches aller Menschen auf Wohlergehen und Wohlstand,
c) Egoismus und Dissolidarisierung,
d) politische Unwissenheit, besonders über die Weltlage.
e) Weigerung der Gleichstellung aller Völker, Kulturen und Menschen.

Fazit:

Der Imperialismus spiegelt sich im Individuum. Er produziert einen Sozialisationstyp, der die Aggressivität, Sucht und Phobien des Imperialismus verkörpert. Das Makrosystem erzeugt das ihm gemäße Mikrosystem, als krankes Individuum, das in den Verhältnissen, aus denen es hervorgegangen ist, funktioniert und diese reproduziert.

Die Makrostruktur und die Mikrostruktur sind einander komplementär. Der Imperialismus reproduziert einen kranken Menschen, der ihn reproduziert. Daraus leiten wir als Ergebnis ab: Für das Individuum bildet der Imperialismus ein pathogenes Grundmilieu, dem der Mensch ohne die Zerschlagung dieses Herrschaftssystems nicht entrinnen kann. Die Interessen des Imperialismus und die Bedürfnisse des Individuums sind unvereinbar. Pathologien entstehen, wenn die individuellen Bedürfnisse den herrschenden Interessen unterworfen werden. Es hat einen Sinn auch hier, die Menschen für den Widerstand gegen den Imperialismus zu gewinnen, obwohl diese politische Zielsetzung mit sehr vielen Schwierigkeiten behaftet ist und sehr, sehr lange Arbeit braucht. Allein dieser Weg jedoch verspricht kausale Therapie.

Konsequenzen für therapeutisches Handeln

Die Theorie der Beziehung und gegenseitigen Widerspiegelung von Mikro- und Makrosystem hat Konsequenzen nicht nur für das Verstehen von psychischen Störungen, sondern auch Folgen für die Therapie. Unmittelbare Folgen für das therapeutische Handeln bestehen vor allem darin, daß die Probleme des Individuums nicht unabhängig von der Gesellschaft verstanden und gelöst werden können: Beseitigung der krankmachenden Ursachen in der Gesellschaft.

Psychosen und Neurosen können symptomatisch behandelt werden. Die kausale Therapie tritt erst ein, wenn sich öffentliches Interesse und persönliche Bedürfnisse decken, d.h. die Unterwerfung öffentlichen Interesses unter die persönlichen Bedürfnisse, also Beseitigung von Imperialismus und Kapitalismus. Die Scheinrealität verschwindet. Die eigentliche Wirklichkeit setzt sich durch.

Zwischen Makro- und Mikrosystem bestehen Verbindungen, Rückkoppelungseffekte und Austauschmechanismen. Wenn das Makrosystem auf Aggression und Expansion aus ist, so stellt sich das Individuum auf Angriffslust und Parasitismus ein. Der Einzelne ist für das System funktional, für sich selber dysfunktional. Ist das Makrosystem auf Friedfertigkeit, gut nachbarliche Beziehungen und gerechten Austausch sowie Respekt vor der Freiheit anderer aus, so wächst der Einzelne im Geist des Humanismus und der Völkerfreundschaft auf. Weil er andere nicht übervorteilt oder bedroht, wird er von ihnen geliebt und damit von seinen Leiden für immer geheilt. Kausale Therapie und relative Heilung sind unter imperialistischen Bedingungen nur dann möglich, wenn sie hermeneutisch emanzipatorisch sind. Hermeneutisch, indem sie die Ursachen aus ihren gesellschaftlichen Zusammenhängen ableiten. Emanzipatorisch, indem sie das ersehnte Ziel punktuell vorwegnehmen.

Migration und psychische Störungen

In jüngster Zeit ist es beliebt geworden, von „Migration und psychischen Störungen“ zu sprechen. Mit dieser Verbindung wird sowohl eine Kausalität unterstellt als auch der Therapieansatz angelegt:

Die Migrantin und der Migrant werden krank, weil sie nicht mit dem Übergang von den einfachen Strukturen des Herkunftslandes in die höchsttechnologisierte und wissenschaftliche Welt des Migrationslandes zurecht kommen.

Migrantinnen und Migranten werden krank, weil sie nicht mit den komplizierten und stressigen Faktoren zurecht kommen, die das Einwanderungsland in sich birgt.

Ein weiterer Grund könnte sein: Kommunikations- und Sprachstörungen.

Diese und ähnliche Auffassungen möchte ich vorab für falsch erklären. Sie sind indiskutabel, weil unabgeleitet und unbegründet. Es gibt *keine* Beziehungen zwischen Migration und psychischen Störungen. *Migration macht niemanden krank.* Niemand ist deshalb krank geworden, weil er oder sie von einem Land ins andere gezogen ist. Gleichwohl geht Migration mit vielen Störungen einher. Woran liegt das und wo genau ist die Kausalität? Das ist das Problem, das im Mittelpunkt des Interesses stehen wird: „Migration und Psychische Störungen“ im Kontext zu sehen käme der Aussage „der Atlantische Ozean und psychische Störungen“ gleich. Eine Verbindung kausaler Natur zwischen Migration und psychischen Störungen herzustellen ist absurd. Vielmehr kann Migration eine nützliche und erholsame Sache sein. Schon immer war das Reisen von einem Land in das andere für die Menschheit eine schöne Angelegenheit: irgendwo anzukommen und zu sagen „hier fühle ich mich wohl“.
Migrantinnen und Migranten sind absolut normal.

Es ist außerordentlich wichtig, den Gedanken aus dem Kopf zu schlagen, daß Migration an sich krank macht. Vielmehr muß gesehen werden, was in dieser Gesellschaft krank ist und wie die Migrantinnen und Migranten darauf reagieren. Sie sind in der schwächeren

Position. Schwächer deshalb, weil sie nicht die Rückenstärkung haben, die Einheimische genießen.

Die Frage lautet also, was sind die spezifischen Bedingungen in Deutschland, die krank machen? In der Sprache der Medizin würde es heißen, was macht Deutschland pathogen? Und wenn es die MigrantInnen krank macht, dann bestimmt auch den Rest der Bevölkerung, also die deutschstämmigen Deutschen. Folglich engen wir die Fragestellung weiter ein: Vielleicht ist die Pathologie, die MigranInnen haben, gar nicht so migrantInnenhaft? Richtig gestellt lautet die Frage, was macht die Menschen in *Deutschland* krank? und nicht, was macht sie in der Migration krank? Die Sehnsucht nach der Heimat ist keine Krankheit. Nicht die Migration, sondern konkrete Verhältnisse und Umstände in Deutschland machen krank. Es sind Verhältnisse, die auch von der Sozialanamnese aufgegriffen werden müssen.

Ein anderer Aspekt des Problems besteht darin, daß manche Migranten und Nicht-Migranten psychiatrisiert werden, ohne ein seelisches Leiden haben zu müssen. Durch die Diagnose durchläuft der pathologisierte Mensch Mühlen der Psychiatrie. Es ist dann sehr schwer, aus dieser institutionellen Spirale wieder herauszutreten. Die Therapie und erst recht die Prophylaxe wäre denkbar einfach: wenn Du einen deutschen Anstaltspsychiater siehst, dann lauf so schnell Du kannst davon, dann bist Du für immer geheilt.

Der inhaltliche Sinn dieser Ironie besteht darin, über festgefahrene, für wissenschaftlich gehaltene Dogmen neu nachzudenken. Warum der eine für „krank“ der andere für „gesund“ erklärt wird, warum der eine den weißen Kittel trägt, der andere in die Box gebracht wird, sind kanonisierte Fragen, kraft einer Definitionsmacht, keineswegs jedoch schlechthin Wissenschaft, „normal“ und „unnormal“ widerspiegeln Machtstrukturen. Die psychiatrische Diagnose kann mehr Herrschaft denn Wissenschaft zum Ausdruck bringen. Die semantische Gewalt, die in einer „Diagnose“ steckt, kann soweit von den Betroffenen verinnerlicht werden, daß sie sich danach richten: eine *self-fulfilling prophecy* der Psychiatrie. Selbst wenn sich die Betroffenen davon frei machen können, bleibt die Diagnose für das soziale und berufliche Umfeld bestehen. Der Zusammenhang zwischen Psychiatrisierung – Stigmatisierung – Diskriminierung – sozialer und beruflicher Absturz – liegt auf der Hand.

Die Migration stellt einen Sonderfall von sozialer Isolation dar. Nach dem einleitend gesagten versteht sich, daß nicht die Migration, sondern die „Migration nach Deutschland" gemeint ist. Folgende Ursachen begründen und verstärken den Zustand sozialer Isolation:

1. In der deutschen Gesellschaft herrscht eine Isolationskultur vor. Die Migrantinnen und Migranten kommen in aller Regel von intakten Gesellschaften mit integrierter Kommunikationskultur, so daß sie in die soziale Isolation in Deutschland unvorbereitet geraten.

2. Die Segregation von Migrantinnen und Migranten als Folge von Rassismus in Deutschland. Die bei vielen Deutschen verbreiteten Vorurteile entmotivieren die Kontaktaufnahme und wirken disstimulierend bei der Pflege von Bekanntschaften.

3. Sprachbarrieren und Kommunikationsstörungen.

Im folgenden wollen wir den Versuch unternehmen, einen Abriß einer MigrantInnen-Karriere in Deutschland darzustellen, um die Stationen, die den Ansatz für psychische Störungen liefern, zu erkennnen.

Die Geburt

Es beginnt mit dem Kind im Mutterleib, der Geburt, dem Säuglingsalter. Ich meine, daß es Unterschiede gibt zwischen der intakten, integrierten Kultur, wie sie in Anatolien, Ägypten, Iran oder Indien besteht und der desintegrierten Kultur in Deutschland, wo das Individuum von Kindheit an allein da steht. Damit einher geht, daß die Formen, wie WesteuropäerInnen mit der zerstörten sozialen Organisation umgehen, einen Prozeß darstellen, in dem Lücken ausgefüllt, geschlossen werden, dies aber nur auf der Form- und Erscheinungsebene.
Beispiel: Wenn eine Migrantin in der BRD entbindet, kommt sie, aus der Familie hinausgerissen, ins Krankenhaus, wo sie nicht ihre Muttersprache erwartet. Die Geburt des Kindes erfolgt buchstäblich in der Fremde. Diese Fremde ist nicht Deutschland, es ist eine künstlich erzeugte Fremde. (In Deutschland leben ca. 25% nichtdeutschstämmige Menschen, viele von ihnen haben inzwischen deutsche

Staatsangehörigkeit. Diese 25% werden einfach ausgeblendet, ein Viertel der Gesellschaft ist völlig ausgeschlossen von den politischen Strukturen). So kommt also diese Migrantin ins Krankenhaus. Sie hat keine Ärztin oder keinen Arzt zu erwarten, der ihre Sprache spricht. Niemand kann sie in ihrer Situation verstehen, auch nicht die Situation, in der sie lebt. Im Detail wird deutlich, daß die Gebärende sich nicht im Krankenhaus angenommen fühlt. Beispielsweise ist es normal, auf der Geburtsstation verschiedenartige Narkosen zu geben. Wenn die Frau sich aber dagegen wehrt, kommt sie automatisch in eine oppositionelle Situation gegenüber dem Krankenhaus, was sie jetzt nicht unbedingt wollte und dies sogar bei sehr großen sprachlichen Problemen. Somit geschieht hier von vornherein eine pathologische Interaktion zwischen den PartnerInnen, die nicht als Hilfe empfunden werden kann. Solche Strukturen sind nicht damit aufgehoben, daß in manchen Krankenhäusern z.B. türkische Krankenschwestern arbeiten. Es ist vielmehr ein strukturelles Problem.

Kindergarten

Beispiel: Ein Kind kam in den Kindergarten und wurde von einem Spielkameraden gefragt, „was bist denn du?" Antwort: „Ich bin Türke". „Ich leider auch!".
Solche Aussagen sind Ergebnisse von äußerer Gewalt, mit denen diese Kinder aufwachsen müssen. Die Kultur bewegt sich also nicht nur auf der höheren Ebene, sondern wird vermittelt nach unten, und auch im Kindergarten ist das Makrosystem präsent.

Schuleintritt

Erstsprachlicher Unterricht

Synonyme: Muttersprache, Erstsprache, Herkunftssprache, Elternsprache, Sprache der frühesten Sozialisation.
Heute wird der Bedeutung der Muttersprache viel mehr Aufmerksamkeit gewidmet, als dies früher der Fall war. Vor nicht allzu langer Zeit gab es noch nicht die Einsicht, über die Notwendigkeit der Muttersprache, insbesondere in Fachkreisen, nachzudenken. In Deutschland ist die Erstsprache prinzipiell Deutsch. Eine andere Erstsprache wird nicht anerkannt. Die Kinder können vielleicht

wohlwollend Griechisch- oder Spanischunterricht bekommen, sofern sie eine entsprechende Lobby haben, aber das ist in diesem Sinne kein muttersprachlicher, auf jeden fall kein erstsprachlicher Unterricht. Paradoxerweise wird Griechisch den griechischen Kindern als zweite, vielleicht erste „Fremdsprache" vermittelt. *Die Sprache der Emotionen bleibt ein ganzes Leben lang die Muttersprache*. Sie kann in dieser Funktion von keiner anderen Sprache ersetzt werden.
Sehr oft haben Kinder sogar zwei oder mehr verschiedene Mutter- (Vater-) -sprachen. Je mehr Sprachen sie können, umso besser. Für die Intelligenz und kognitiven Fähigkeiten ist die Mehrsprachigkeit sehr bedeutsam, aber in Bezug auf die Atmosphäre der Ablehnung in der deutschen Gesellschaft, wo MigrantInnen nicht als gleichberechtigte MitbürgerInnen gleichwohl MigrantInnen anerkannt werden, ist das ein Manko. Immer noch wird unter Integration die „Eindeutschung" verstanden, insbesondere im ausländerpolitischen Hinblick.

Das Denken und das Wort sind nicht dasselbe. Der Gedanke wird verkörpert in einem Wort. Das Wort spiegelt den Gedanken wider und steht mit ihm in einem dialektischen Zusammenhang; es ist aber nicht mit ihm identisch. Und dieses Wort ist mindestens sechs Jahre lang ein türkisches oder ein arabisches oder persisches Wort gewesen, und auf einmal bricht dieser Kontakt ab und es kommt eine Fremdsprache hinzu. Für das Kind ist Deutsch eine Fremdsprache, sie wird aber nicht als solche angegeben, sondern als Muttersprache, als erste Sprache. Das Kind wird mit dieser, nun als Muttersprache deklarierten Sprache konfrontiert. Hier handelt es sich um pädagogische Gewalt gegen Kinder mit ungeheuren Folgen. Viele werden damit auf elegante Art und Weise fertig, aber kaum mit der Spaltung in der Persönlichkeit. Denn diese erste Sprache ist ja nicht nur eine andere Sprache wie beispielsweise für Deutsche Englisch oder Französisch, wenn dies gelernt werden soll, sondern das ist die Sprache, in der Sozialisationsinhalte und ein ganzes Wertesystem zusammengefaßt sind. Auch Lehrinhalte und know how sind daran gebunden. Die Schule lehrt ja schließlich auch nur einen ganz kleinen Teil aus dem breiten Spektrum der zu vermittelnden Inhalte. Sie knüpft nicht an die Ansätze der Muttersprache an, sondern blockiert Inhalte der ursprünglich ersten Sprache. Damit einher gehen Akkulturation, Entfremdung und nicht zuletzt eine neurotische Situation, die darin besteht, daß das Kind zu Hause ein Verhalten lernt, für das es draußen bestraft wird. Das wäre für die klassische Lehre der

schulmedizinischen Psychiatrie eine neurotische Situation. Kinder werden zwei gegensätzlichen Reizen ausgesetzt.
Die meisten MigrantInnen-Eltern der zweiten Generation werden mit Kulturkonflikten schon richtig fertig, indem sie das vermitteln, was ihre Kinder (dritte Generation) in der Gesellschaft erwartet. Sie vermitteln den Kindern, was in der Schule erwartet wird, und damit tritt kein Kulturschock ein. Das heißt aber nicht, daß damit alles in Ordnung wäre. Die Erfahrung, welche die MigrantInnen-Kinder machen müssen – fremd im eigenen Land zu sein – hat ihre Grundlage in der deutschen Gesellschaft. Verstärkt wird sie durch das Nichtaufgreifen der Problematik im Kindergarten, in der Schule und in der Familie. Die Vermittlung ist nur bedingt leistbar; die Kinder haben nicht mehr denselben Bezug zum Herkunftsland wie ihre Väter und Mütter und können dementsprechend auch nicht alles begreifen und aufnehmen, denn beispielsweise das Uganda der Eltern ist nicht das Uganda der Kinder.

Identitätsbildung

Das nächste größere Problem der heranwachsenden Jugendlichen ist die Frage der Identitätsbildung: „Wer bin ich?"
„Sie ist keine Deutsche, sie ist auch keine Portugiesin und sie ist auch nicht beides, sie ist auch nicht nichts. Was ist sie?" Auch dieses Problem ist nicht genuin, es wird geschürt. Um dies besser zu verstehen, seien einige Aspekte der „Universalistischen Erziehungstheorie" referiert.

Universalistische Erziehungstheorie

1. Das Selbstverständnis der Kinder ist universalistisch. Es bleibt so lange universalistisch, bis den Kindern von außen ein nationalstaatliches, ethnozentristisches oder sonst partikularistisches Denken eingeimpft wird.
2. Während des frühen Spracherwerbs machen die Kinder weltweit identische Schritte. Unter diesem Aspekt empirisch geforscht wurde der „Zwei-Wort-Satz". Kinder sprachen bis zum vierten Lebensjahr in der ganzen Welt eine analoge Sprache. In Untersuchungen von über dreißig unterschiedlichen Sprachen wurde herausgefunden, daß die Grammatik und Syntax des Zwei-Wort-Satzes in allen un-

tersuchten Sprachen identisch ist. Es sind natürlich unterschiedliche Worte, aber die Grammatik ist identisch.
Das Kind wächst universalistisch auf, unterscheidet nicht zwischen „schwarz“ und „weiß“, bis ihm das eingeprägt wird. Das Kind unterscheidet auch nicht zwischen „Mann“ und „Frau“. Natürlich erkennt es die Frau als Frau und den Mann als Mann, aber daran knüpft das Kind keine qualitativen Unterschiede. Das Kind ist auch nicht farbenblind, aber es identifiziert sich nicht mit einer Hautfarbe gegen die andere, wenn ihm kein rassistisches Bewußtsein eingebleut wird. Nun wächst aber diese/r Jugendliche in eine Welt hinein, die unterscheidet zwischen „Nationalem“ und „Ausländischem“. Zwischen „Eigenem“ und „Fremdem“. Zwischen „Europa“ und der „außereuropäischen Welt“. Zwischen „christlich“ und „islamisch“. Zwischen „Freund“ und „Feind“ usw. Dinge, die für das Kind keinerlei Bedeutung haben, in denen aber die Jugendlichen während ihrer Sozialisation und Schulerziehung indoktriniert werden. Diese Dichotomie greift auch in die Grundstruktur der deutschen Sprache.

Deutsche Sprache und Rassismus

Die deutsche Sprache geriet seit Jahrhunderten unter nationalistischen, chauvinistischen Einfluß und wurde dadurch rassistisch geprägt. Jedes Wort wird ethnozentristisch belegt und rassistisch vergiftet. Deutsch ist darüber hinaus ausgesprochen patriarchalisch genormt, sowohl in der Semantik als auch in der Grammatik. Einfache grammatische Begriffe, die universeller Natur sind, erlangen im Deutschen eine rassistische Münze, z.B. Wir/Ihr. Im Grunde ganz neutrale Pronomina, aber im Deutschen drücken sie eine Dichotomie aus, eine Zweiheit von „Uns“ und „Euch“, einen Zwiespalt von „wir“ und „ihr“. Diese Ausgrenzung und dieser Ausschluß sind in dieser Form, soweit ich vergleichen kann, einzigartig. Damit beginnt eine Situation einzutreten, die selbst bei hier geborenen MigrantInnen-Kindern dazu führt, daß sie unter Legitimationszwang geraten, obwohl es umgekehrt sein müßte, da ich davon ausgehe, daß MigrantInnen in ihrer Persönlichkeitsstruktur viel universalistischer sind als umgekehrt ein Mensch, der Chauvinist oder Nationalist ist.

Schule

Ein weiteres Beispiel für die Fahrlässigkeit pädagogischen Personals: Eine Lehrerin kommt in die Klasse, und da sitzt ein Mädchen mit Kopftuch. Die Lehrerin sagt im Angesicht des Mädchens: „Islam – Fundamentalismus – Terrorismus." Und jedes Kind in der Klasse versteht, wer gemeint ist. Muslime außerhalb und innerhalb der Klasse seien Gefahr für die deutsche Sicherheit. Das arme Mädchen hat wenig Chance, sich zu wehren.

Jungerwachsene

Wenden wir uns nun Migrantinnen und Migranten im Alter ab 16 Jahren zu. In diesem Lebensalter tritt ein Kreislauf ein, an dem niemand vorbei kann. Zunächst geht es um die Schulbildung, anschließend um eine qualifizierte berufliche Ausbildung und dann um einen Arbeitsplatz. Damit seien die Grundlagen der Persönlichkeitsentfaltung gewährleistet. Fehlt ein Glied dieser Dreierkette, wird die Persönlichkeitsentfaltung abgeblockt. MigrantInnen sind mit starken Problemen konfrontiert. Ohne die sehr starke Solidarität und auch die sehr ausgeprägte Opferbereitschaft der Eltern in sozialen Strukturen von MigrantInnen wären die Probleme, die entstehen, von den Kindern kaum zu meistern. Im Bereich der Sozialpädagogik/Sozialarbeit, wo deutsche KollegInnen arbeiten, die zwar mit viel Liebe, aber mit wenig Wissen über die soziale Organisation von MigrantInnnen-Familien oder einer bestimmten kulturellen Gruppe befaßt sind, können – in gutem Glauben – große Fehler gemacht werden.
Beispiel: Eine junge Frau wendet sich hilfesuchend an das Jugendamt. Sie gibt dort an, in ihrer Familie geschlagen worden zu sein. Die übliche Maßnahme des Jugendamtes wäre, die junge Migrantin einvernehmlich oder ohne Einvernehmen mit der Familie in ein Jugendheim oder eine Jugendgruppe zu geben. Hier stellt sich die Frage, ob das nun gut oder schlecht ist. Maßnahmen der Jugendhilfe in Deutschland dürfen nicht schematisch auf Migrantinnen übertragen werden. Die Ausgliederung aus der deutschen Familie wird nicht so tragisch empfunden wie in der Migrantenfamilie. Vielleicht läßt sich das Problem innerhalb der Familie lösen oder durch die Aufnahme der jungen Frau bei Verwandten. Jedenfalls stellt eine jugendamtliche Maßnahme in dem Zusammenhang, ob ein Mädchen

aus der Familie herausgenommen wird oder nicht, eine Maßnahme von besonderer Tragweite dar. Denn, wenn das Mädchen erst einmal aus der Familie ausgegliedert ist, ist es – von der Familientragödie wegen der Trennung von der Tochter einmal abgesehen – mit der Gewalt von deutscher Seite allein konfrontiert. Zumal, wenn das Mädchen irgendwann einmal aus dem Heim gehen muß, so steht es ganz alleine da.

MigrantInnen vor dem Familiengericht

In einem Prozeß (1996) hat ein hamburger Richter dem mit einer deutschen Frau verheirateten Ehemann gesagt: „Wir sind hier nicht in einem islamischen Land, wo die Frauen keine Rechte haben." Und damit hat der Richter von vornherein die Einstellung, dieser Vater als Muslim ist die größte Gefahr für das Kind. Und damit sind alle anderen Entscheidungen schon festgelegt.

Familiengründung

So kommen wir in das Lebensalter der Familiengründung.

Wohnungssuche stellt sich für jede Person in Deutschland als Problem heraus. Für MigrantInnen-Familien kommen hier noch eine Reihe weiterer Probleme hinzu. Sie ist aus den bekannten Gründen ein gefürchteter Alptraum, der nur noch von der Arbeitssuche übertroffen wird. Ihre erpreßbare Lage wird von den Vermietern schamlos ausgenutzt. MigrantInnen müssen unverhältnismäßig teurere, gleichwohl schlechtere Wohnungen beziehen und sind dabei froh, untergebracht zu sein.

Die bestehenden Vorurteile und Voreingenommenheiten werden nun zu einem ganz unmittelbaren Problem des Menschen, und man muß außergewöhnliche Kräfte haben, um seinen Weg zu gehen. Vor allen Dingen dann, wenn jemand eine Beziehung eingehen will, die nicht nach den dominierenden Normen ist.

Aufenthalts- und Arbeitserlaubnisrecht

Arbeit: Arbeit steht verkürzt gesehen für Broterwerb. Richtig gesehen ist sie das Mittel von Selbstdarstellung und Selbstverwirklichung.

Als äußere Gewalt interveniert das Ausländerrecht in die Existenz des Einzelnen und der Familie. Es unterbricht oder beendet gar einen geregelten Lebensverlauf. Auf Menschenwürde nimmt es keine Rücksicht. Menschliche Substanz wird angetastet. Migrantinnen und Migranten sind bei Krisen ungleich härter als andere betroffen. Bei Bedarf werden MigrantInnen angeworben, nach getaner Arbeit abgezogen. Privates Kapital und Politik des Staates bilden eine Front gegen MigrantInnen. Das Aufenthalts- und Arbeitserlaubnisrecht ist ein großer Störfaktor und Störungen verursachendes Mittel. Das Ausländergesetz und seine Umsetzung greifen in die Existenz von MigrantInnen ein und setzen Lebensläufe aus ihrer regulären Bahn. Es zerstört die Lebensplanung und verursacht ständige Unsicherheit und beschwört für die Einzelnen und ihre Familien materielle Krisen mit all ihren psychischen Folgen herauf.

Stressoren und

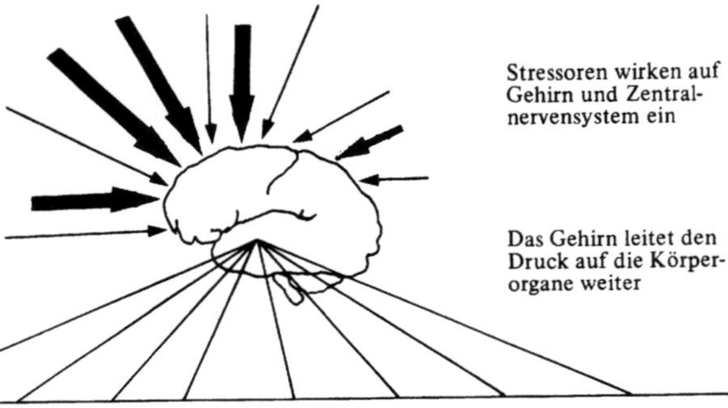

Stressoren wirken auf Gehirn und Zentralnervensystem ein

Das Gehirn leitet den Druck auf die Körperorgane weiter

MAGEN	HERZ	DARM	GALLE	ZNS	LUNGE	MUSKEL	HAUT
Gastritis Ulcus ventriculi et duodeni	Funktionelle Herzbeschwerden	Kolitis	Dyskinesien	Schlaflosigkeit Depression	Hyperventilation	Spasmus	Ekzem Neurodermitis

ihre Pathologien

Während der Arbeitslosigkeit werden MigrantInnen zusätzlich der Willkür von Beamten der Arbeitsämter ausgesetzt. So kann beispielsweise ein Angestellter in einem Arbeitsamt einem arbeitssuchenden Migranten oder einer arbeitssuchenden Migrantin von seiner augenscheinlich so überlegenen Position aus anordnen, daß für die arbeitssuchende Migrantin die Umschulung nicht die geeignete Maßnahme sei, sondern der Erwerb eines deutsch-türkischen Wörterbuches. Damit verweist er exemplarisch auf eine unglaubliche institutionelle Ignoranz und Bevormundung der Individuen.

Hinzu kommt die unsolidarische Einstellung deutschstämmiger KollegInnen. Arbeitslose schließen sich nicht gegen die Ursache der Arbeitslosigkeit zusammen, sondern Deutsche verbinden sich gegen Migrantinnen und Migranten. Selbst wenn dies nicht ausgesprochen wird, so ist es doch da.

Altwerden in der Migration

Das Jugendheim, das Altersheim, das Krankenhaus sind Formen von sozialer Isolation. Die Ausgliederung des Menschen aus seinem sozialen Zusammenhang, in diesem Fall der Familie, wiegt keine Therapie auf. Der Mensch muß auf alle Fälle in jeder Lebenslage und zu jeder Zeit in einem integrierten sozialen und kulturellen Zusammenhang aufgehoben sein, ob Altenfürsorge oder Krankenhaus, ob Wohnen oder Lernen, ob Arbeiten oder Freizeit. So ist das Krankenhaus im Orient ein intensiver Kommunikationsort, weil alle sich berufen fühlen, da zu sein, so lange einer oder eine von ihnen im Krankenhaus ist. Dies ist natürlich nur bedingt möglich im Kinderheim oder im Altersheim. Wenn es tatsächlich keinen anderen Ausweg gibt als die Einweisung in ein Altersheim und die Menschen dort nicht lange überleben, so ist hier ein kausaler Zusammenhang vorhanden. Wenn Maßnahmen der Ausgliederung und Segregation auf MigrantInnen übertragen werden, wirken sie sich womöglich noch brutaler aus als bei Deutschen, da die Gewöhnung fehlt.

Gewalt von der Wiege bis zur Bahre. Vieles, sehr viel muß getan werden, um diesen Kreislauf zu durchbrechen. Man braucht einen neuen psychiatrischen und psychotherapeutischen Diskurs, es muß vieles in Frage gestellt werden.